もう不祥事は許さない

自分の会社は自分で守れ

株式会社プレビス
徳山　誠

生産性出版

はじめに

思えば平成は、本当にいろいろなことがあった。明るい話題もたくさんあった半面、想定外の自然災害が続き、尊い命が奪われるという悲しいニュースも多かった。そして特筆すべきは企業の不祥事が多かったことだ。

私にとっても、波瀾万丈の平成でもあった。昭和53年に大学を卒業し、社会人となり、家庭を持ち、平凡な人生を送るつもりであった。ところが平成に入りそのシナリオが狂った。

なぜあんなに次々と自分の身の周りに不祥事が起きたのだろうか。冷静に振り返れば思い当たる節がないわけではないが、「覆水盆に返らず」である。

あるとき、私の身の周りでいったい何人の知人が不祥事に関わったのだろうかと数えたことがある。なんと20件近くにまでなった。みんな高学歴で、紳士的で人間味のある人ばかりである。

それは時代背景もあるのだろう。2000年くらいまでは、日本の労使関係を象徴する「三種の神器」が厳然と存在した。「終身雇用」「年功序列賃金」「企業別労働組合」である。いまは、企業別労働組合がかろうじて残っているが、残りの二つはほぼ崩壊したと言っていい。

当時、会社に入るということは「就職」より「就社」するという意識が強く、定年までその会社で社会人としての人生をまっとうすることが当たり前の時代であった。愛社精神が培われ、帰属意識が高く、会社、仕事、仲間にも誇りを持ち、仕事をしていた社員が多かった。どの会社もそうだったと思う。しかし、このことが後に問題になる「村意識」「タコツボ文化」を生むことにつながってしまった。

見方を変えると、せっかくのキャリアを自分の力で開発することを諦め、会社に依存してしまう人を量産していった時代でもあった。会社のため、上司のため、家族のため、と頑張っていた。ところが、一歩社会に出ると「それっておかしくないか?」と指摘されるような社会の非常識領域に足を踏み入れていたのである。社内では当たり前のこととして、まかりとおっていたのである。

当時、40代になったばかりの私は、中間管理職として働いていた。頑固で不器用な私に、仕事や職場に対し「変だな」「おかしい」と感じることがたくさんあったが、それに抗うこともなく日々を過ごしていた。私は、決して管理職として優秀ではなかった。謙遜でも何でもない。職場を変わったばかりで、仕事のできない管理職だったと思う。ただ一日のうち、最も長くいる職場を少しでも明るく楽しいものにしたいという気持ちだけは大切にしていた。職場で何でも言い合える雰囲気に変えたい、もっと議論して物事を決めることが職場であるべきだと思っていた。むろん、自分の立場でできることには限界があった。

ある日のこと、職場を見回すとグループ長全員が席にいない。すると、部下の一人が、

「いま、グループ長ミーティングをやっていますよ」

と、慌てたように言う。私は、

「俺には声がかかっていないよ」

と返すと部下に、

「呼ばれていようといまいと、グループ長ミーティングには顔を出してください。私たちの上司なんですから、きちんと情報を取って来てください」

と叱責された。私は、しぶしぶ会議室に向かった。

私の顔を見るなり上司が、

「どうした、何か用か？」

と聞く。

「グループ長ミーティングをやっていると聞いたので来ました」

と告げると上司は、

「これは、プライベートな会議だよ」

と、一蹴された。私は出席者全員に同じ資料が配布されていることを確認し、

「プライベートの会議で、全員同じ資料を配るのですね」

と言いながら上司の答えを待たず会議室のドアをドンと閉め、席に戻った。こんなことが二度あった。どうやら私は上司にとっては、面倒くさい存在だったようだ。当然、部下からはそのたびに「短気すぎる」と叱られた。いま思えば自分の努力が足りなかったということだ。誰のせいでもない。すべては自分の問題だった。

自分の力で何かを変えなければいけないと焦る一方で、まったく何もできない自分がいる。具体的にどう動いていいのかがわからず、気持ちと現実のギャップの中で、常にもがいていた。苦しかった。

無力の自分が情けなかった。そんな経験を重ねるうちに時間だけは過ぎ、44歳で退職し、独立した。とにかく反省や後悔ばかりが浮かんでくる。

私の拙い経験であるが、30代・40代で職場リーダー経験として、人生の先輩として、働

くあなたに伝えたいこと、伝えておかなければいけないことを整理してみた。

一番楽しいはずの青春時代が……

私は、広島の田舎に生まれ育ち、中学・高校を広島市内で過ごし、大学から東京に出てきた。紆余曲折はあったが、ここまでは比較的順調であった。大学では、中学生のときから憧れていた体育会のラグビー部に入った。周囲からは羨望の対象であったかもしれない。ところが、2年生の終わりに事件が起きた。ラグビー部の生活全般の世話をするOBから呼び出された。5カ月分の寮費が滞納になっていることを聞かされた。

目の前が真っ白になった。その足で近くの公衆電話に駆け込み、家に電話をした。電話口から父親のか弱い声が伝わってくる。私には威厳があり、常に怖い存在だった父親が、泣いていることがわかった。

「ゴメン。からだを壊して働けん。カネも送れんよ。何とか、頑張ってくれ」

という。まるで親子の縁を切られたような言い方だった。何とかしてくれと言われても、何ともならない。なるはずがない。このときの気持ちを表現することはできない。

この日から親からの仕送りが途絶えた。広島から東京に出てきた20歳の少年が、親からの仕送りがなくなるということは、いきなり「レッドカード」を示され、フィールドから退場を命ぜられたに等しい。当時の私には、大学を辞めて田舎に帰り就職することぐらいしか選択肢はなかった。部費や合宿費、遠征費など出費がかさむ運動部を続けることなど考えられないことであった。

お先真っ暗とはこのことか。こうなった以上、学生生活を続けることはできない。ラグビー部の寮も出なければならない。実は、大学に通う定期代も往復の電車賃もなかった。それよりも住むところがない。万事休すだ。

そう言えば、こんなこともあった。ラグビー部の練習は、当時からハードな練習で有名だった。部員は、その練習に耐えるために昼食でエネルギー補給をしなければならない。しかし、私にはまともに食事をするお金がなく、アンパン一つで厳しい練習を乗り切った日が何日も続いた。先輩から、

「おまえ、昼メシ食べたあとにまたアンパンかよ。食べ過ぎると走れないぞ」

と、真顔で注意されたこともある。そのときほど、走れなくなるくらいとんかつ定食を食べたい、と思ったことはない。

しかし、私は開き直った。いや、開き直らなければならなかった。心の中で「部活も大学も辞めるのはいつでも辞められる。いま簡単に諦めて後悔しないのか?」と自問自答を

何度も何度も繰返した。目標であった東京の大学に入った。こんな中途半端で田舎には帰れない。人生一度きり。死ぬ直前までできることをやろう、と決心した。

幸い、姉からの援助や中学・高校時代の恩師や同級生たちの激励、サポートがあり、大学も部活動も続ける目途がついた。さらにラグビー部がよく通ったソバ屋さんの好意で、半年間お店を手伝う条件で、まかない3食付きで居候をした。学費を立て替えて、電車賃まで出してもらうこともあった。

同じくラグビー部行きつけの散髪屋さんには、新築を建てたからその用心棒をしろと、これまたタダ同然で1年間住まわせてもらった。温かい支援があった。こうした支援がなければいまの自分はいない。本当に幸せ者だ。感謝してもしきれない。

幸い部からも特別にアルバイトをすることを認めてもらい、午後の4時間は夕方まで練習をし、その後の4時間はレストランでホールと厨房のアルバイトを約1年半続けた。当時の時給は320円。当時でも安い方だったが、私は部活を続けたいし、続ける以上はレギュラーにもなりたいという気持ちが強く、部活を続けるうえで、少しでもわがままが言えるようなあえて安い時給のところを選んだ。「まかない付き」というのは何より魅力だった。そして、電車で帰るのがもったいないので、アルバイトを終えると毎晩、1時間半かけて下宿まで歩いて帰った。

ほかにも家庭教師、女性ブランド靴の販売、家屋の解体、果物の叩き売り、交通量調査、デパートや小売店の内装工事など、本当にいろいろなアルバイトを経験した。いまとなればいい思い出であり、常に多くの人に支えられていたことを改めて実感する。ともかく、こんな日常を繰り返しながら、部活と勉学とアルバイトをやりくりし、無事に大学を卒業することができた。

生い立ちまで開示してしまったが、これにはこだわりがある。

特に、学生時代の4年間は、これから「不祥事」について語るうえで避けて通れない、いまの自分がいる基礎となる舞台であり、人生において最初で最大の「ターニングポイント」であったからだ。生きるうえでのキャリア観はこれらの体験を通じて身についたもので、この歴史があったからこそ、ペンをとろうと決めたきっかけになったことを理解していただきたい。

さらに、この本の読者ターゲットは、次世代を担う30～40代の若手リーダーにおいた。なぜ、この世代なのか、その背景は後述する。ところで、このゾーンにあてはまるあなたは、これまでの企業不祥事は「経営者や経営幹部の責任で、社員にはまったく責任はない」と思っているのではないだろうか。

「自分の年代で、できることは限られている」「われわれが経営サイドに立ったら変えていく」と、現状改革を諦めていないだろうか。

しかし、そんな悠長なことを言っている時間はない。いまの会社が数年後に残っている保証などどこにもない。不祥事を起こして会社が破たんする事例は何件も見ている。

あなたは自分がリーダーだと自覚があるのだろうか。リーダーとしての経験が浅くても、30年以上生きてきた社会の立派な「リーダー」である。リーダーシップとは、年齢や役職にとらわれるものではない。自分が本当に苦しいときに、まわりをけん引できるか、サポートできるかが問われるものだ。まさに人間力の問題である。あなたの持ち場・立場で必ずできることはある。将来、マネジメント側に立つ予備軍として、いましか見えないこと、いまだからこそ言えることを、勇気を出して発信して欲しい。いま行動に起こさないと、働く職場さえ失うリスクがあることを認識して欲しい。次世代を担うリーダーとして自覚と責任を持った行動をとることで、不祥事を防ぐことができるのである。

本書の最大の目的は、企業の不祥事をいかに防ぐか、なくすか、ということにある。その視点で、若手リーダーができることを挙げている。不祥事が起きる背景には必ず原因がある。不祥事には人が関わっている。人が関わっている以上、確信犯でない限り不祥事を止めることができるはずだ。

「不祥事は決して許さない！」という強い気持ちを社員全員が持てば、会社や職場に対する当事者意識が芽生えてくる。当事者意識が高い職場は、コミュニケーションが活発でお互いがけん制し合うことも可能になる。ここでいう「人」は、いわゆる部下であり、社員である。問題は、この人に対するマネジメントに多くのマネージャーが悩んでいるという事実だ。「マネジメント側」と「マネジメントを支える側」の関係性についての課題や対応策についても整理しなければならない。

そこで、部下との向き合い方、指導について悩んでいるマネージャーが抱えている不安や悩みを解消するヒント、不祥事を防ぐためのメカニズムやマネジメントのチェック・ポイントなどを、実際に起きた事例を用いながら解説しようと思う。

私は法律家でも法学部出身でもない。自身が体験し、この目で見てきたこと、失敗したことや乗り越えてきたこと、相談されたことなど多くの体験を基にまとめてみた。本書がリーダーの部下や後輩のマネジメントの参考書として、なにがしかのお役に立てるのであれば至高の喜びである。

2020年1月吉日

徳山　誠

第1章

不祥事を考える

「すべての原因が企業側にある」で片づけていないか

第2章

「組織」と「個人」のあり方を問う

第3章

コンプライアンス違反が起こる理由

「ジャスティス」より「フェアネス」で社内に風を通す

第4章

「正しいことを正しい」と言える職場をつくる

形骸化したルールや規則なら見直せばいい

カバー・本文デザイン　茂呂田剛（エムアンドケイ）
イラスト　エダ・りつこ（パーミースタジオ）

第1章

不祥事を考える

「すべての原因が企業側にある」で片づけていないか

これって不正行為ですよ

「不正」や「不祥事」という言葉はよく聞くが、どんなことを指すのだろう。

「不正」とは、「法律、規則やルール、社会常識・社会倫理を逸脱した行為で、個人の意図的な行為」。「不祥事」は、「個人または企業・組織などが起こした、社会的な信頼を失墜させるようなできごとで、関係者にとって不都合なこと」。

私は、法律の専門家ではないが、長年企業の不祥事を研究する立場から、辞書から読者が理解しやすいようにこう整理することにした。

ところで私は学生時代にアルバイト先で、「不正」の当事者になりかけた経験がある。ブランド靴の販売スタッフをやっていたときのこと。店長から店舗の2階にある倉庫に呼び出された。そこには、たくさんの靴が在庫として山積みされていた。店長はその靴を私の目の前に差し出すと、かかと部分に貼ってあるブランドのロゴマークの入ったシールをはがし、違うロゴマークと貼り替えろと言う。売れない靴を人気ブランドのロゴマークに貼り替えて売り、在庫をさばこうとしていることは素人の私でも理解できた。

周囲を見ると、新入社員らしき数名の社員が黙々と作業している。そんな様子を見て、働いて給料をもらうにはこんなことまでやらないといけないのか、と空しくなった。私は、店長に明確に、

「できません。これって不正行為ですよ」

と断った。すると急に強面になった店長から、

「おまえはアルバイトのくせに生意気だ。こんなこともできないなら辞めろ」

と言われ、私はそのアルバイトを2週間で辞めた。嘘をつく、ごまかそうとする行為がどうしても許せなかった。せっかくはじめたアルバイトを短期で辞めるはめになり、生活は苦しくなったが、気持ちはなぜか晴れやかだった。


日本企業の不祥事の歴史を振り返ると、1984年に遡る。この年に世間を驚かす事件が続発した。いわゆる「グリコ・森永事件」である。

江崎グリコの江崎社長宅に犯人が押し入り江崎社長を誘拐し、身代金要求にはじまり、各種の脅迫が続き社会を震撼させた事件である。社長は自力で脱出するが、その後も放火事件や毒を商品に混入するなど脅迫は続いた。また、同じ年に森永製菓に対しても、商品

に毒や青酸カリを入れるとの脅迫電話や挑戦状が届き、金銭の要求があった。

実は、企業不祥事とは言えないが、この事件発覚後の会社としての対応に問題があり、被害への対応の違いが、グリコと森永の明暗を分けた。

グリコは犯人に屈した形となり、社会の不信感をあおった。一方、森永製菓は犯人に毅然と立ち向かい、結果、売上が下がり、パート社員などをレイオフ（解雇）するという事態に陥ったが社会から応援される形となり、その後、復活の道をたどる。

この年は企業にとって、「危機管理元年」と言っていいのではないか。あれから35年経過したいま、企業の危機管理の対応に焦点が当たる。ブランドをつぶす企業と逆に伸長した企業に分かれる。それは、まさに平成の30年で社会の価値観が変わり、一つの時代が変わったことを示す。

危機意識を共有する文化があるか

不祥事企業の共通点は、「トップが嘘をつく」「トップが逃げ隠れする」ことだ。当然、マスコミは逃げれば追う。その挙句が、しぶしぶ対応した謝罪会見での発言で墓穴を掘っている。

企業自体がオウンゴールをしているわけだ。最近では、だいぶ改善されてきたが、当初は企業の広報対応も拙なく、火に油を注ぐ結果となった。これではトップが辞めざるをえない。企業内に「危機意識を共有する文化」がなかったことがわかる。

その典型的事例が「山一証券」や「雪印」で、ブランドが消滅した。そこには次の5つの要因が考えられる。将来のために、ぜひあなたに参考にして欲しい。

①時代の変化、社会の変化に対応できなかった。
②同じ過ちを繰り返した。
③企業改革が「第三者委員会」に丸投げした。社長自らが現場に入り、企業文化を変え、体質変革をするエネルギーが不十分だった。
④沸点の低い（少々のことで、すぐ感情をあらわにする）社会になった。
⑤「モノ言わぬ消費者」から「モノ言う消費者」に変わった。不祥事に対する曖昧な対応は許されなくなった。

このままでは日本はダメになる

このままでは個人や企業・組織の不祥事は止まらないのではないか。

最近の不祥事は、目まぐるしい社会の変化に企業のガバナンス（統治、そのための体制や方法）がついていけず、ここにきて20年や30年前に臭いものに蓋をしてきたツケが回ってきた結果に見える。企業・組織の不祥事は拾えばきりがないが、２０１８年、２０１９年の中で、厳しい社会的糾弾を受けて記憶に残っているものを抽出してみた。

特に２０１９年の「ゴーン・ショック」は驚いた。日産自動車のカルロス・ゴーン会長が、金融商品取引法違反の容疑で逮捕された事件である。ここにきて新たな局面が生まれており、今後を注視したい。

また、レオパレス21の不正施行、大和ハウス工業の建築基準不適合など大手企業の不祥事が後を絶たない。経済産業省と文部科学省の官僚が麻薬特例法違反容疑で、逮捕されるという事件も起きた。さらに国会では、ルールに反する抽出調査が15年間も続いていたとする毎月勤労統計問題で荒れた。

次から次へと繰り返される不祥事。日本を代表する老舗企業、ベンチャー企業からスポーツ界にまでおよんだ。あってはならないキャリア官僚の不祥事も決して見逃せない。

日本という国、企業のガバナンスは、いったいどうなっているのか。不祥事のたびに経営トップが謝罪会見を開き、マスコミの餌食になり生き恥をさらす。誰もが「もう二度と起こしてはならぬ！」と、決意表明したはずなのに性懲りもなく起きている。

子どもたちに「嘘をついてはいけない」「過ちを犯したら謝る」という模範を示さなけ

ればいけない立場の大人たちが、これではあまりに情けない。しかし、これが現実である。

それにしても政治にはガッカリさせられることが多い。日本の舵取りをする政治家や官僚たちの責任追及に対し、「記憶にない」「記憶がない」のオンパレードだ。

エリートと呼ばれる人たちが、つい数年前のことを記憶にないと言う。議事録や名簿もないと言う。民間では考えられない。私には政治家に忖度《そんたく》しているとしか思えないが、堂々とした態度にはアッパレと称えたいほどだ。本当に政治が劣化してしまった。

まだ間に合う。私たちができることをやろう

政治の批判をしても、何もはじまらない。政治が国民の生活を左右するということは、いまにはじまったことではない。私は国政選挙の投票率がどう推移しているのか気になったので、総務省のホームページを調べてみた。結果は図表1-1のとおりである。

衆議院選挙は平成2年では、30代、40代とも75%を超えているのに対し、平成29年には30代は50%を割り、40代はかろうじて50%をキープしている状態だ。参議院選挙についても平成に入り、28年の間に大きくダウンしている。この数字は危険水域に入っているようで不安になる。政治に民意が適切に反映されていないことになる。

政治家のことを悪く言うのは簡単だが、それは天につばすることと同じである。そう自

図表1-1　国政選挙の投票率の変化

衆議院選挙の投票率推移（総務省調べ）

年代	平成2年（39回）(%)	平成29年（48回）(%)	差
30代	75.97	44.75	△31.22
40代	81.44	53.52	△27.92

参議院選挙の投票率推移（総務省調べ）

年代	平成元年（15回）(%)	平成28年（24回）(%)	差
30代	65.29	44.24	△21.05
40代	70.15	52.64	△17.51

省もする。私たち国民が選んだのだから。

国民一人ひとりが、もっと当事者意識を持って、自らの国の将来を真剣に考えなければならない。政治への参画は選挙に行き、投票することである。たった1票で何が変わるのか？　という人がいるが、それは、責任放棄を正当化しているようにしか聞こえない。

30代、40代というと家庭を持ち子どもを持つ年代である。まだ、十分間に合う。子どもたちの将来を見据え、政治への関心を持って、投票という行動による政治への意思表示をすべきである。

私が唯一自慢できることがあるとすれば、社会人になってから今日に至るまで、国政選挙はもちろん、地方選挙もすべて投票に行ったことだ。過去にどうしても推したい候補者がいない場合は、白票を投じたこともある。どんな形でもいいから意思表示はしたかった。

企業や組織と同じで、国民が、「誰かがやってくれるだろう」「誰かが変えてくれるだろう」という気持ちになった途端、誰も何もしてくれない。自分たちの代表は自分たちで選ぶという責任ある行動を取らなくてはならない。「事なかれ主義」では、何も変わらないし、何も手に入らない。

不祥事は、ある日突然にやってくる

あなたは、こうした不祥事についてどう感じているのだろうか。対岸の火事として見てはいないだろうか。もし、これらの企業・組織にあなたが属していたとしたらどうだろう。希望した企業に入り、仕事を覚え、イキイキとした日々を送っている20代の若手社員も多いと思う。入社して10年が過ぎ、仕事もマスターし、家庭も持ち、公私とも充実している30代の中堅社員もいるだろう。そんな中、ある日突然、テレビや新聞報道で自分が勤めている会社の不正や不祥事を知ることになる。

会社で何が起きたのか、何が起きているのか、これから会社は、自分たちはどうなるのか、不安でいっぱいになる。報道を通じて、まさかと思うような事実が次から次へと明かされる。心の中で、「俺はこんな会社に入ったんじゃない」と叫んだところで後の祭である。

私もまったく同様な経験がある。40代になって間もない頃だった。夜遅くテレビ番組を見ていると、「ニュース速報」が流れた。そこにはなんと「わが社」の名が流れているではないか。信じられない思いで、目をこすりながら、何度も会社名を確認した。翌朝の新聞に大々的に報じられていた。

職場を元気にすれば不祥事は防げる

不祥事は、当然だがすべて事象が起きた後に発覚するものだ。内部告発による発覚も含まれるわけだが、不祥事が起きる前の異変や起きた直後に誰かが気づき、指摘し、改善をすれば未然に防げた不祥事も多くあるはずだ。

こんな不祥事を二度と起こさないために、「企業が消滅した5つの要因」からあなたがこれから経営を担う立場になるためにも、留意して取り組むべきことを伝えたい。

職場を元気にするということは、そこにいる社員が元気で活力があることが条件になる。よく談論風発の職場と言われるが、あなたの職場はどうだろうか？

ここでは職場を活性化し、不祥事を未然に防ぐために、中堅社員のあなたにできることを紹介したい。

①時代の変化、社会の変化に対応する

時代は猛スピードで激変している。昭和世代が世の中をリードしていた時代はそろそろ終焉する。平成世代のリーダー出現は近い。社会の変化の速さも想像を超えている。

グローバル化が一気に進み、ＳＮＳの浸透、ＡＩ化の進展など、「悪事千里を走る」時代になった。

便利になった一方で、リスクも大きいことを認識すべきである。当然、昭和世代は、ＩＴリテラシーは極端に低い。この領域はあなたの得意分野であり、高度な知識や新技術の分野といかに共存共栄ができるかがポイントである。あなたの出番である。

②過ちを繰り返さないために日常の危機管理をする

もはや国民は、「完全無欠」な個人や企業など存在しないことは理解している。大事なことは、同じ不祥事を繰り返さないことだ。

不祥事を未然に防ぐには、日常の危機管理が重要で、「最近、職場のあいさつがなくな

った」「社員の笑顔や雑談が減った」などの変化に敏感になることだ。「おかしいな」「変だな」と感じたときには声をかける。何でも言い合える職場に不祥事の芽は育たない。

③「ミドル・アップ・ダウン」の発想で臨む

本来は社長自らが現場に入り、課題を把握し、企業文化を変え、体質変革をするという明確な「トップのメッセージ」がなければならない。

ただ、いまの社長はあまりに忙しすぎて、現場に出向くことはむずかしい。ならば、現場の生情報が社長に届く組織にしなければならない。

幸い、最近の経営者は、中間管理職や若手社員の考えや気持ちを知ろうとする前向きで柔軟な姿勢で臨むタイプが多い。

「ミドル・アップ・ダウン」という言葉がある。トップは経営者のこと、ダウンは部下であり現場のこと、ミドルはマネージャー層のあなたのことだ。あなたがトップの考えをすばやく現場に浸透させ、現場の意見や不満を汲み上げることが役割となる。ときには、トップの巧遅や拙速な判断をいさめ、部下をけん引しながら経営者と現場間に生じるズレを調整するという重要な使命を担うのだ。

時代や社会が激変しているいまだからこそ、ミドルとしてのあなたの力が必要とされている。自信を持っていい。同時にあなた自身が、トップのメッセージを理解しているか否かも、チェックすべきである。

④人を思いやることのできる社会（企業）の実現

最近は、職場でのいじめと言われているパワーハラスメント（以下、パワハラ）、セクハラが、そして社会では、毎日のように死傷事件が起きている。社会全体がギスギスし、他人同士がお互いを干渉し合うことを嫌い、人間関係づくりが苦手（下手）な人が増えたことが影響しているのではないだろうか。

会社での仕事の進め方が変わり、効率化を追求するあまり人が減り、属人的な仕事、孤独な仕事が増えている。隣の人が困っているからと声をかけても助けることができないしくみになってしまった。

昔はどの職場にも「お節介焼き」がいたものだ。「顔色が悪いけど大丈夫？」「心配事があれば相談してよ」と声をかける。お節介を焼かれたからどうなるものでもないが、困っているときに声をかけられ、話を聞いてくれるだけで気持ちはスッキリする。あなたには、そんな職場のお節介焼きになって欲しい。

それがむずかしければ、あなたのまわりでお節介焼きをつくって欲しい。その人を支える側になればいい。職場の空気が必ず変わるはずだ。

⑤女性の力を活かそう

かつての日本人は、「モノ言わぬ消費者」として揶揄されていた。いまでは、企業の製造責任が問われ、消費者センターや消費者ホットラインの設置などで商品やサービスに問題が起きたら何でもクレームになる。クレームが言いやすくなった。不祥事など起きようものならクレームの嵐が起こる。

さらに、消費者の中心が男性から女性に変わりつつあることも要因と言えよう。少子高齢化に向かう中、女性の戦力化は必至だ。女性だからということではないが、日常のマネジメントに関し、曖昧な態度、対応には男性以上に手厳しくなっている。

この傾向は企業サイドからすると緊張感を維持できることであり、日本人の曖昧さが美徳とされていた時代から「イエス」か「ノー」か、これを明確に言える企業風土を醸成する担い手は女性である。そういう女性を巻き込み、みんなで議論できる職場づくりに一役買って欲しい。

「日本人の道徳観が不滅した」は思い込み

若者が満員電車の優先席に堂々と座り、真剣な表情でスマホゲームやＳＮＳに熱中している姿はよく見かける光景だ。先日のことだ。優先席に座り、ゲームに夢中になっている高校生の前に、背中の曲がった老婦人が立っていた。高校生はゲームしながらも気づいていたようだが、その老婦人に席を譲ることはなかった。その老婦人に席を譲ったのは、老婦人とさほど年齢も変わらない印象の女性だった。

私なりの理解はこうだ。ゲームに夢中の高校生が、一瞬でも老婦人の存在を意識したことはよしとしよう。きっと老婦人に気づいたものの、声のかけ方がわからない、もし断られたら恥ずかしい、というような迷いがあったのだろう、と思う。本当の理由は、ゲームを中断できなかったのだろうが、まあ、ポジティブに受け止めたい。

人は「外見で判断できない」ことを学ぶ

一方で、こんなこともあった。お昼を過ぎて乗った電車でのこと。その車両は比較的空いていて、私が乗ったドアのすぐ横の席に、茶髪でピアスにダメージジーンズ、その後ろポケットにはチェーンがついた長財布、という出で立ちの20代半ばくらいの男性が脚を伸ばし、スマホでゲームをしながら座っていた。「危ない」「横柄」「チンピラ?」というキーワードが私の頭の中をよぎった。

そして、次の駅で杖をついた老婦人が乗ってきた。80歳前後だろうか。私は、男性の長く伸びた脚につまづくのではないかとヒヤッとしたが、その若者は老婦人を見るなりさっと立ち、老婦人に無言で席を譲ったのだ。ほかにも席が空いているのにも関わらずである。「マジか?」「カッコいい」と心の中で拍手したが、直後に「恥ずかしい」思いが込み上げた。外見で人を判断したことを猛省した。人を見た目で判断してしまったことが情けなかった。先入観や偏見が人を色眼鏡で見てしまう。隠れた良さが見えなくなるのだ。見れども見えずになることを恥じ戒めた。

その若者は老婦人に席を譲った後、照れくさかったのか隣の車両へ移動した。日本の若者も捨てたもんじゃない。胸が熱くなった。本来、企業はこんな若者が欲しいはずだが、どうしても見栄えや印象で判断してしまう。残念でならない。

「お天道様は見ている」はコンプライアンスの原点

私は小さい頃、おばあちゃん子だった。母親が働いていたため、祖母が亡くなる小学校4年生までは祖母に育てられたと言ってもいい。隠れていたずらをしてはよく叱られたものだ。そのたびに祖母が言っていた言葉が忘れられない。

「いたずらを人が見ていないと思ったら大間違い。お天道様は見ているんだよ。きっとバチが当たるから」と。すると、本当にその夜、おなかが痛くなったり、熱が出たりすることがあった。当時、私はこのことを信じていた。

実は、この言葉はいまだに自分が行動していくうえで、善悪を迷ったときの道標となっている。私にとってコンプライアンスの原点である。しかし、いまどき、こんな言葉を企業でのセミナーや大学の講義で使っても受講者の反応は極めて薄い。勤勉で正直者の日本人がこうした考え方を拠り所に頑張ってきた時代は終わったのだろうか。

ところで私は、「ドッキリ系」のテレビ番組が好きだ。ドッキリに引っかかる芸能人の隠れた人柄、本性が見えるからである。テレビに出ているときは、穏やかな印象なのに、ふだんは神経質な性格で、周りの人たちが気を遣っているのが垣間見られることがある。

表の顔と裏の顔を使い分けているわけだ。だが、その逆もある、テレビでは悪役なのに、ふだんは面倒見がいい人もいる。

むろん、テレビ番組特有のプロデュースもあるので、本当の姿がわかるわけではないが、それを差し引いてもおもしろい。裏の顔が見えたとき、その人の人間性がわかる。

人間は自分には甘い。つい安きに流れてしまう。まして誰も見ていないところでは自分の都合の良いように行動するのは当たり前。人間の特性である。しかし、迷ったときは、その局面で踏みとどまり「それでいいのか?」と自問自答することができたら、トラブルに巻き込まれることも減るのではないだろうか。

「おかしいぞ」と思う自分の価値観を信じていい

私の持論だが、人の価値は、誰も見ていないところでの言動で判断できると思っている。企業や組織で働く以上、上司や先輩の影響は大きい。自分がクロだと思う仕事でも上司がシロと言えばシロだった時代もある。しかし、昭和中期の高度経済成長期の「右向け右」の時代とは明らかに違う。「赤信号みんなで渡れば怖くない」は、すでに死語だ。

人生100年の時代、これからはいかに自分らしく生きていくのかという「クオリティ・オブ・ライフ」が問われる。

クオリティ・オブ・ライフとは文字通り「人生・生活の質」という意味だが、その背景には、自分の人生、どう生きるかを真剣に考える時代となり、一度きりの人生をいかに自分らしく生きるかが問われている。

あなたの眼の前で起きている事柄に対し、「すばらしい」と共感する価値観もあれば、「おかしいぞ」「変だな」と、ぶつかる価値観もあるだろう。少なくても自分の価値観に忠実に、気持ちを発信して行動する勇気を持って欲しい。それにより、なぜ、すばらしいのか、なぜ、おかしいのか、議論が生まれてくる。多様な価値観がぶつかり合うことで、お互い気づくことがあるはずだ。

私が数年前に聞いた話だが、ある企業では、就職内定者を集め、毎年1泊2日の研修をホテルで行っていた。当時は売り手市場で内定者の囲い込みが主目的だったが、もう一つの目的もあったという。内定者の囲い込みだから、学生はお客様扱いだ。内定者研修とは名ばかりで、学生は少々ぜいたくなホテルに泊まり、役員の話を聞き、催しつきの豪勢な懇親パーティーに参加し、翌日解散する。

学生たちは高級なホテルで慣れないお酒を飲み、仲間と打ち解け、気分よく朝を迎える。そして、朝食をとり、ロビーで解散前に部屋の鍵を採用担当者に渡すのが流れだ。すると採用担当者は、各部屋に忘れものがないかチェックしに回る。

ところが、このときの目的は忘れもののチェックをすることもあるが、部屋の使用状況をチェックするのも目的の一つとのこと。

たとえば、タオル類が洗面台に放り投げてあるとか、ベッドシーツがクシャクシャのままだとか、風呂のお湯をはったままだとか……、誰も見ていないところでの部屋の使用状況を見ると、その人の性格や行動特性が想像できるという。

学生は就活対策を徹底して面接などに臨むため、面接時に仮面をかぶりなかなか真の姿が見えづらい。このチェック結果は、入社後の配属先を決める際に参考にするようだ。

確かに、試みとしてはおもしろい。ただ、その当時は、コンプライアンス自体明確な定義がなく許されることがあっても、いまではこうしたチェックをすること自体がコンプライアンスのあり方を問われることになるだろう。

これは企業がコストをかけて新卒の学生を採用し、戦力として活用するために知恵を絞り、学生の特性を探ろうとした苦肉の策の一例である。

マネージャーの役割とは何か？

冒頭でこの本の読書層を30～40代においたことを述べた（中には、マネージャーになっている人もいると思う)。それには理由がある。

企業では(企業の業態・業種によって異なるが)、現場部門と経営陣との乖離《かいり》がますます大きくなっているように感じるからだ。経営陣が現場を把握できなくなっている。背景は、現場のマネジメントを司るマネージャーたちが疲れ果てていることが大きい。マネージャーとしての本来の役割と使命が果たされていない。

では、マネージャーの仕事とは何だろうか。ポイントは3つある。

まず、「部下がイキイキと仕事をするためのサポートをする」こと。そして2つめは、部下に「やらなくてもいい仕事を明確に指示する」こと。3つめは、「現場で起きている現実を経営陣に正確に伝える」ことではないかと考える。そのためには部下の能力、性格はもちろんのこと、現状の仕事量と質を把握し、仕事の仕方や進捗状況を知らなければならない。そのうえで、現場の実態も把握しなければならない。

そのために、部下に対して日頃から関心を持って接することが求められる。しかし、現状はマネージャーが業務に忙殺され、部下との関係が希薄になりがちである。これでは、部下はイキイキと働けない。仕事の仕方も変わることはないだろう。まして、現場の状況をいちいち報告してくることなど期待できない。

特に、30歳半ばからの10年間は人生において、非常に重要な10年であるにも関わらず、この時期に心身ともに疲れ切っている。部下も職場も掌握できておらず、この中間管理職が機能していない。

あれもこれも足りない「不の連鎖」のこわさ

私は、昭和53年（1978年）に自動車メーカーに入社した。配属は、工場の総務部勤労課であった。朝、課長は出勤すると窓際の席に座り、女性社員が入れてくれたお茶を飲みながら新聞を読みはじめる。ただ新聞を読んでいるのかと思うと、そうではない。新聞を読みながら、こっそり部下の様子も見ているのだ。

当時はパソコンなどない時代で、社員同士のコミュニケーションは会話でしかなく、その内容はまわりに筒抜けであった。課長はその話の内容や話す表情・態度などを見ながら、社員の状況を把握していた。

仕事は基本的に部下に振っていた。いかに部下をうまく使うかも立派な課長の仕事であった。しかも、「年功序列」に基づく成績評価であり、細かな業績フォローをするような必要性もなかった。

パソコンがないために、仕事の効率化はいまの比ではない。すべて手書きであり、いまなら1時間で作成できる文章も、当時は、係長と課長を通すとそれだけで1日、2日はかかっていた。ただ、これには効果があった。それはパソコンがないから、上司からの指示や訂正などはすべて口頭指導である。

そうすると、周囲の社員も聞き耳を立てながら仕事をする。つまり、そこで指摘されている問題は、自分の書類で指摘されないように修正することができる。課長にすると、同じようなミスや指摘は少なくなるというメリットもあった。

日常の叱咤激励のおかげで自分がいる。課長の指示・命令で、自由に部下を動かせた時代である。いまのマネージャーと比較すると、部長職以上に該当するような「大課長」であったとも言えよう。

ところが、いまはすっかり様子が違う。マネージャーではあるが、自分自身にも担当業務があり、次々と仕事が舞い込み、その業務をこなすだけで一杯一杯になる。そのうえ、部下の面倒を見なくてはならない。パソコンが普及していることもあり、仕事の進め方は効率的で速くなっているが、ここに落とし穴がある。

パソコンでは、「CC」で加えることもできるが、上司と部下は基本的に「ワン・ツゥ・ワン」のやり取りである。パソコンを通じてのやり取りのため、パソコン上で指導・修正した内容は、その他の社員にはわからない。それにより、別の社員が同じミスや過ちのままメールで送ってくる可能性がある。その都度の指導・修正が必要なわけでマネージャーには、時間がいくらあっても足りない状態になる。

しかも、昔のような部下への言葉遣いは気をつけなければならない。打たれ弱い世代が増え、常にセクハラやパワハラにおびえながら話すため、気持ちがなかなかストレートに伝わりにくい。

成績も、業績重視となったため部下の仕事ぶり、成果など細かなことをフォローしなければならない。人事面談で部下から、

「なぜこの成績なのか？」

と問われると、部下が納得するように説明しなければならない。ところが、部下を納得させられるほど部下のことをきちんと見ることができていない。そんなジレンマがあるのではないか。

いま、マネージャーにとって、人が足りない、予算が足りない、時間が足りない、経験が足りないという「不の連鎖」が起きている。

これでは心身ともに疲れるのは、当然のことである。現に、マネージャーになりたくない若手が増えているが、これらの実態を考慮すると理解できる。だからこそ、部下にやらなくていい仕事を指示することは、自分自身のマネジメントのメッシュを細かくし、部下との関係性構築に寄与できることではないだろうか。

不祥事は、まさに現場で起きている

そもそも不祥事は、現場（職場）で起きている。情報は本来であればマネージャーのもとに報告が上がってくるしくみになっているはずだ。これが、意外とそうでもない。現場で起きている、あるいは起きそうな「悪い情報」がリアルタイムで正確に上がってきていない。

なぜなのか？

それはマネージャーに余裕がなく、部下との信頼関係が希薄になっていることが考えられる。さらに、「不の連鎖」の影響を受け、現場サイドも細かなトラブルやミスなどいちいち報告していられない。マネージャーも報告されても動きようがない。そこで時間が取られると大きなロスを生じ、結果、品質・生産性向上に支障をきたすことになる。

さらに、マネージャーには、悪い情報は上がってきているが、それを上に報告すると、自分の成績が下がるなどの理由で、結局は何もしない。臭いものに蓋《ふた》をしていることがあるのではないか。

そこには、本部や本社に報告すると大げさになるので、自分たちの職場だけできちんと対策をして収めよう、という心理が働く。これは、いわゆる「自己完結」であり、見方によっては自分たちで起こしたミスは自分たちで責任を取る、という潔い態度に見えなくもない。しかし、これは「ごまかす」「隠す」ことのはじまりにほかならないのだ。詳細は後述する。

まず、どうすれば最も被害が少ないのかを考える

発想を変えて考えてみよう。現場で起きたトラブルやミス、いわゆる「悪い情報」を放置しておくと、いずれ不祥事という形で顕在化する。つまり、バレることになる。そうなれば、膨大な人、時間やお金をかけ、原因分析、再発防止、原状復帰、損害賠償など社内会議で忙殺され、謝罪会見では、なぜ隠していたのか、と責められイメージを悪くするだけに終わる。

現場で働く人の数が限られ、予算が厳しく、時間がないからこそ、小さな「悪い情報」の段階で、少しでも早く正確に、上に報告し相談すること、すなわち「Bad News First (Fast)」を心がけることが大切になる。この「Bad News First (Fast)」という言葉は、ずいぶん前からトヨタ自動車の社内で徹底されていたと記憶している。

Bad News First (Fast) を実現するためには、日頃からの部下との相互信頼が大事であ

ることは言うまでもない。たとえば、部下が職場で起きたミスやトラブルの報告に来た際、頭ごなしに叱らないことだ。少なくとも、部下の話を聞こうとする姿勢が大事である。

そのうえで、原因究明と再発防止が最優先となる。それがどうして起きたのか、どう対処すればいちばん被害が少なく効果的か、どの部門との調整が必要か、などをていねいに話を聞き、必要な指示をすることが求められる。話し合う前に、感情的に怒ったのでは部下は誰も本音を言わなくなる。

最も効果的なのは、部下が報告にきた際に「ありがとう」と答えることだ。それは、「言いづらいことを、いち早く報告してくれてありがとう。おかげで早く対策することができる」という意味である。部下は、このひと言でとても救われる。部下は、現場で起きたトラブルを上司に報告すると、きっと叱られるだろうと覚悟して行ったはずが、「ありがとう」と言われると面を食らう。むしろ、自分が役立っていることに満足するだろう。困ったときは相談しようと思うだろう。上司が部下にとって、「駆け込み寺」として認められる瞬間である。

仮に上司が部下をいきなり責めて叱ったらどうなるだろう？　目の前のトラブルを見て見ぬ振りをするようになるだろう。私もあなたもそうだと思うが、二度と報告はしたくなくなる。現場に「不祥事の芽」が育つ環境をつくってしまうことになる。

「自己完結」は「隠ぺい」を生む

品質などのデータ改ざんが行われるという不祥事が、多く発生している。その多くは過去から続けられてきたもので、これに関係する当事者が意識的かどうかはさておき、自分たちの職場、工場で完結しようとしたことが「事件化」した。

これらの職場で何が起きていたのか想像しよう。不祥事が起きたことはマズイと思いつつ、人が足りない、時間がない、予算がない中、全社ベースで明らかにすると大事件になってしまう。上司に報告すべきか否か葛藤の末に報告を思いとどまる。

なぜ、マズイと思っていながら報告しないのだろうか。それは、できれば面倒なこと、自分が矢面に立つことは避けたいという人間心理が働き、なんとか内々に解決するという「自己完結」の道を選択するからである。

しかし、不祥事はその大小に関わらず、必ずバレる運命にあることを認識すべきである。事実を隠した代償は大きい。ミドルの立場にあるあなたには、肝に銘じていて欲しい。

職場にいる社員は、十人十色の価値観を持っている。本当に自己完結をしようと思うなら、その関係者全員が棺桶に入るまで一切口外しないことが最低条件となる。

不祥事を起こし、自己完結したつもりが後でバレたとしよう。その場合、不祥事を起こした事実と、それを自己完結という偽装の下で隠そうとした事実、この2つの点でとがめられ、罰せられるということを忘れてはならない。不祥事に関しては、「正直者がバカを見る」ことはない。

誰でもミスはする。トラブルも起こす。その都度公表して、少しでも早く対処することこそが、あなたが部下から信頼を得る近道であり、最も被害が少なくてすむ。後悔や反省は、その後でゆっくりすればいい。

15年くらい前のことだ。私はコンプライアンスに関する、ある勉強会の事務局をしていた。そこには、官僚幹部、業界を代表する企業のコンプライアンス・オフィサー、マスコミ幹部の面々が揃い、毎回テーマを決めて、ゲストを招へいした。

このゲストが半端ない立場の人たちだった。そして企業不祥事の分析、コンプライアンスの考え方など幅広く議論し、情報共有をした。その内容は高度かつ専門的で、とても有意義な勉強会であった。

ある回のテーマが「リコール隠し」についてであった。この日の講師は、新聞社の元社会部長。当時、自動車業界の「リコール隠し事件」が取りざたされているときだった。以下、元社会部長の講話の概要の一部である。

「自己完結という言葉は、とても響きがいい。自己責任を果たすという意味では理解できないわけではない。しかし、マスコミでは当該事案（不祥事や不正）が発覚した時点で『自己完結』ではなく『隠ぺい』として取り扱われる」

「不正や不祥事が発生したら情報開示しない限り、後で発覚した場合、「隠ぺい」したとして社会から厳しく糾弾されることを覚悟しなければならない。最近、不祥事がたくさん発生しているように見えるが、実は過去の不祥事が多く発覚している。

つまり、バレているということだ。人は弱いもの。自分が不正・不祥事を犯したとなると、第三者には黙っていたい。まして上司になど言えるはずもない。自己完結を図ろうとする行為は必然である」

日常できることは部下に関心を寄せること

「自己完結」＝「隠ぺい」と言われる背景がよく理解できた。そのうえであなたに問いたい。自分の職場の実態を隅から隅まで把握できていると言い切れるか？　聞きたくない悪い情報が、タイムリーかつ正確に届いているのか？　仮に、こうした情報が適切に報告・

相談がされていないとしたら、明らかに問題が潜在していると疑っていい。この背景と対応策については後述するが、そのポイントは、あなた自身の日頃の部下との関わり方、指導の仕方に起因することが多い。

あなたは日々の忙しさを言い訳に、部下と接する機会が少なくなってはいないだろうか？　一人ひとりの部下と向き合い、話を聞いてやることを避けてはいないだろうか？部下にとって最もつらいことは何だろう？　知りたいならあなたが20代の頃を思い出してみるといい。

そのヒントとして、マザー・テレサの言葉を紹介しよう。

「愛の反対は憎しみではなく、無関心であること。世界で一番恐ろしい病気は、孤独である。この世で最大の不幸は、戦争や貧困などではない。人から見放され、『自分は誰からも必要とされていない』と、感じることである」

あなたが、日常できることは、部下に関心を寄せ、その仕事ぶり、表情や態度など観察することである。きっと何かに気づくことがある。

ちなみに観察と監視とは大きく異なることを付け加えておきたい。監視は部下の欠点探しをし、揚げ足を取ることになる。長所を見つけにくい。観察は欠点も見つけるし、長所を見つけることもできる。

企業文化のせいにするな

日経新聞に「私見卓見」というオピニオン・コーナーがあるが、私はその記事を好んで読む。そこに、日本大学稲葉陽二教授の興味ある記事が載っていた。これを読んで私自身が経験してきたことと重なり、とても納得することができた。ぜひとも、あなたも職場をイメージしながら読んで欲しい。

「大企業の不祥事がいつまでたってもなくならないのはなぜだろう。……不祥事が起きるたび出てくるのが『企業風土』というキーワードだ。……第三者委員が『企業風土に問題があった』と指摘したり、経営者が『企業風土に流されてしまった』と反省の弁を述べる。この企業風土という言葉が言い訳に使われていないだろうか。

……トップは自由に情報やネットワークを操作できる。情報を下に伝えてもいいし、伝えなくてもいい。下から上がってきた情報を共有してもいいし、無視してもいい。

少人数の『お気に入りの人たち』だけで会社の中枢を固めたり、『タコつぼ化』する専門家集団を放置したりすることもできる。これらの積み重ねがまさに企業風土となっていく。

つまり、企業風土というのは勝手に存在しているものではなく、トップがつくり上げるものなのだ。……部長が変われば部の雰囲気はガラッと変わるだろう。そうでなければその部長は仕事をしていない。『おかざり』と言っていい。

『企業風土が変えられなかった』というようなトップの言い訳は通用しない。……調べたところ閉鎖的な企業ほど不祥事が多かった。トップは風通しの良い組織をつくるよう努力すべきだ。それは社外取締役を増やすなど制度上の問題だけではなく、身近な人の配置やコミュニケーションのあり方も見直すことである。……」

この記事を読んで鳥肌がたった。文中に、「閉鎖的な企業ほど不祥事が多かった」とあるが、まさに同感である。企業不祥事を繰り返している企業に当てはまる要素であり、企業風土に問題があるのではなく、企業風土に影響をおよぼしている管理職に問題があることを認識しなければならない。この企業文化には、私には大きなこだわりがある。ある企業を訪問したときに、このことを裏づける体験をした。

不祥事を繰り返す某社が、開発部門の部長クラス以上を対象に「コンプライアンスに関する講演会」を開催した。

講師は4大新聞社の一社で社会部長→編集局長→専務取締役になるT氏。当時、編集局次長でテーマは、「マスコミから見えるX社」とし、企業のコンプライアンスに部長という役割・使命がいかに重要かという内容であった。講演は1時間半。200名近い部長クラスが参加した。

講演は、無事に終了した……はずだった。事件は、講演終了直後に起きた。T氏が講演を終え、聴衆から拍手を受けながらステージから下りるときだった。当然、受講者も会社の幹部も席に座っている。T氏はステージを下りながら、階段下で待ち受けていたコンプライアンス部の部長に大きな声で、

「○○部長、こんな講演をしてもダメですよ！　見てくださいよ、あの状況を」

と、会場の後ろの方を指さすのだ。コンプライアンス部長が、指をさされた方向を見ると、そこには腕を組み、脚を組んで居眠りをしている部長数十名の様子が視界に入ってきた。

「後ろの居眠りしている部長は、自分の部署じゃないから関係ない、という姿勢でしょ。まったく当事者意識がない。不愉快です。この会社は、また不祥事が起きますよ」

と言って会場を後にした。コンプライアンス部長の表情に顔色《がんしょく》なしだったことは言うまでもない。私はこの講演会にT氏付きとして随行し、一部始終を見ていた。

この数十秒のT氏の発言が最も印象に残る講演会であった。あなたはこの事例からどんなことを感じたのだろうか？　T氏が伝えたかったことは何だったのだろうか。

世の中、同じような不祥事が後を絶たない。同じ会社が、同じ不祥事を何度も繰返し起こしているケースもある。それはなぜだろう？

不祥事が起きるたびに原因を分析し、社内で共有し、再発防止を図っているにも関わら

ずである。それには、いくつかの要因が考えられる。

一つは、当事者意識のなさだ。不祥事が起きたのは、自分たちの職場ではない、他部門の話とし、対岸の火事として見ているからだ。T氏曰く、企業の風土・体質は長い年月をかけて、部署・部門が違おうが似てくるものだと。その点では、自部門には関係ないと、共有された情報もスルーし、当事者意識が低いこと自体がその企業の風土・体質だと考えられる。

「村八分」という「村社会」「タコツボ文化」の弊害

もう一つは、「村社会」「タコツボ文化」の弊害が考えられる。比較的価値観が近く、言動に違和感のない集団は、居心地がいい村社会をつくってしまう。逆に、価値観や言動が合わない人間は排除される。それが、「村八分」だ。

「タコツボ文化」は、組織の縦割り組織を象徴している。部門内部のことはわかるが、他部門のことはさっぱりわからない。わからないから関心もない。部門最適主義に陥り、ますます他部門に対する当事者意識は欠如する。悪循環を繰り返すことになる。

ところで、T氏の予告どおり、その会社ではその後、不祥事が起きた。T氏が言いたかったのは、部長たる者、自分の職場、自分の部下を守る義務がある。たとえ他社であろうが他部門であろうが、自部門に起きる可能性がある不祥事ネタは「明日は我が身」と分析し、事前対策を打つべきだと。これが当事者意識であると伝えたかったのだろう。

最後に泣くのは誰なのか？

管理職の下には、当然のことだが部下がいる。部下には独身・既婚に関わらず家族がいる。どんな部下にでもバックに家族がいることを忘れてはいけない。

企業が一旦不祥事を起こすと消費者からの信用を失い、商品やサービスが売れなくなる。徐々に業績が悪化し、やがてリストラが行われる。企業が不祥事を起こして社会的糾弾を受けると、誰が一番つらいのか考えてみたことがあるだろうか？　経営トップなのか、当該部署の責任者なのか？　経営陣の過失であろうが、組織的な犯罪だろうが、結局社員が割を食うことになる。その社員には親や配偶者、子どもなど養わなければいけない家族がいる。

最後に泣くのは、弱い立場の人間であることを忘れてはいけない。罪のない家族が苦しむことほどつらいことはない。あなたには、そんな体験をして欲しくない。

社員は、不祥事が起きようが会社には毎日出社し、担当業務を遂行しなければならない。

社会からどんなに厳しいバッシングを受けようが、目の前に積み上がっている仕事をこなし、社外からのクレームに対応するなどやることは山ほどある。そもそも社内にいるうちは、しょせん同じ穴の狢《むじな》同士で、誰からも責められることもなく居心地が悪いわけではない。

一番の被害者はお客様や家族

ところが、家族は違う。地域の中で白い目で見られ、子どもは学校でいじめに合うことも考えられる。つまり、企業不祥事で一番の被害者はお客様であり、家族なのだ。こんな事例があった。身につまされる話である。

某社は、全国に工場を展開している著名な大手メーカーである。相次ぐ不祥事のため、連日新聞やテレビで厳しい糾弾を受けていた。当然、会社のコールセンターには全国から苦情・クレームの電話やFAX、メールが届き、その対応で日々深夜まで、てんやわんやの状態であった。

そのクレームの電話の一つに社員の奥さんからのものがあった。

「主人に言うと苦しむので、こうした形で電話をさせていただきました。私の主人は、〇

△工場に勤めています。今回のこと（不祥事）で朝早くから夜遅くまで忙しくしており、主人の体が心配です」

「申し訳ございません」

と、電話を取った社員は、こう応えるしかなかった。

「実は、主人よりも息子が心配なんです。息子は小学校3年生です。毎日集団登下校をしています。最近、いつも帰る時間が遅いので、心配になり、先日、社宅の前で待っていました。息子にその理由を聞きました。すると、みんなと一緒に下校すると途中で社宅の前で別れることになり、お父さんの勤めている会社がわかって、学校でいじめられるとイヤだから最後の子の家まで一緒について行っている、というのです。

〇〇会社に父親が勤めているというだけで、小学3年生の子がこんなつらい思いをしながら学校に通っているということを社長さんに伝えてください。おそらく私だけではないはずです」

という内容であった。

子どもが、友だちがいる前で社宅に入ると、

「お前のお父さん、あの（不祥事を起こしている）〇〇会社か」

といじめられるかもしれないと一生懸命考えた自己防衛策が、下校時に最後の友だちの家まで一緒に帰るということだ。

企業が不祥事を起こした際の影響がどれほど大きいのか、あなたなりにシミュレーションしておく必要がある。

覚悟を決めて組織風土を変えよう

この事例のように、あなたは会社の不祥事が自分の家族にまで影響をおよぼすということを考えたことがあるだろうか。不祥事があってはならないが、万が一のために日ごろからできることは何かを考えよう。

企業は不祥事が起きてしまってからでは、無力に等しい。連日、マスコミのネタにされ、社会的糾弾を受け、トップは謝罪の繰り返し。まるで社員全員が犯罪者のような目で見られ、社内の雰囲気だって暗くなる。業績は下がるから賞与や昇給にも影響し、社員の士気は下がる。たまには仲間と酒でも酌み交わしてリフレッシュしたいが、周囲の眼が気になり、つい思いとどまる。すべてが空回りする。

実は、このときほどチャンスはない。不祥事をきっかけに、社会から厳しく糾弾されたいまこそ、組織風土を変革するチャンスなのだ。このピンチをチャンスに変えようじゃないか。

あなたは目の前で起きているおかしな風習や過去からの踏襲などに疑問を感じたことはないか？　旧態依然としたやり方や体制を変革しないといけないと思ったことはないか？　せっかく不祥事をきっかけとして、日頃気づかなかった悪習慣や膿の存在があらわになったのだから、この機に一気に変える勇気を持ち行動してはどうだろうか。

「そんなことをしたら、会社を辞めるしかない」

「確かに正論だが、仕事がしづらくなる」

という声が出てくるかもしれない。でも、これだけは明確だ。こんな前向きな言動が原因で、クビを切られることはない。

少し方向がズレてきて、不祥事が起きた際の話になったが、これらはそもそも不祥事が起きる前にやれることでもある。「おかしいこと」を「おかしい」と言い、それを考える努力をしよう。

そこで第2章では、この立場にあなたが置かれたときに、どう情報を整理し、どう行動するべきなのかを私の経験からルール化したことと、その背景をキャリア理論を交えて紹介していきたいと思う。

第2章

「組織」と「個人」のあり方を問う

30代、40代はキャリア形成のビッグチャンス

キャリアを「人生そのもの」として考える

個人のキャリアと企業・組織との関わりについて考えてみよう。ここでいきなり「キャリア」と言われても、そのイメージと不祥事が結びつかないと首をかしげているあなた、実はキャリアと不祥事はまったく無関係ではないことをこの機会に理解して欲しい。これから人生で多くの壁にぶつかり、その都度はね返され、自分を見直すことが増えていく。

私は、不祥事がキッカケでアイデンティティーの壁にぶつかり、キャリアを見直す機会を得た。これはあなたが今後、不祥事やトラブルなどの矢面に立つことがあった際に拠りどころとなる考え方であるはずだ。参考になればありがたい。

あなたは「キャリア」と聞いてどんなイメージを抱くのだろうか。おそらく多くの人が仕事を通しての「経歴・職歴や経験」、あるいは身につけてきた「スキル」をイメージするのではないだろうか。

キャリアの定義については諸説あるが、私は職業や仕事という領域にこだわらず、広い視野でとらえるべきと考える。「人生そのもの」であり、自身の「轍《わだち》」だと理解している。もちろん、「轍」には、経歴や経験・職歴も含まれる。

「轍」とは、自分自身の過去にできた足跡のことである。「轍」は過去を見つめるだけではなく、それらの経験を踏まえ、将来も展望するきっかけにもなる。誰もが過去に人生の岐路に立ち、右か左か、あるいは進むか引き返すかと選択をしてきた。こうした「自分が辿ってきた道程を示す轍」を「キャリア」だと考えている。

キャリアの語源だが、道路や競馬場のコースを意味するフランス語のキャリエール(carrière)に由来していると言われている。キャリアの定義については、これでなくてはならないというものではなく、あなた自身がしっくりくる定義を決めればいい。なぜならキャリアは、個人の考え方や生き方と深く関係し、アイデンティティーにつながっているという点で個人の受け止め方が重要になるからだ。

「ワーク・キャリア」と「ライフ・キャリア」を分ける

昭和世代の人は、かつて諸外国から「エコノミックアニマル」と揶揄された。それほど仕事中心の生活を送っていた。その名残りからなのか、キャリアというと、どうしても仕事や職務に結びつけてしまいがちである。しかし、これを機会にキャリアを柔軟にとらえて欲しい。

具体的には、キャリアを「ワーク・キャリア」と「ライフ・キャリア」に分けて考える

図表2-1　キャリアとは何か？

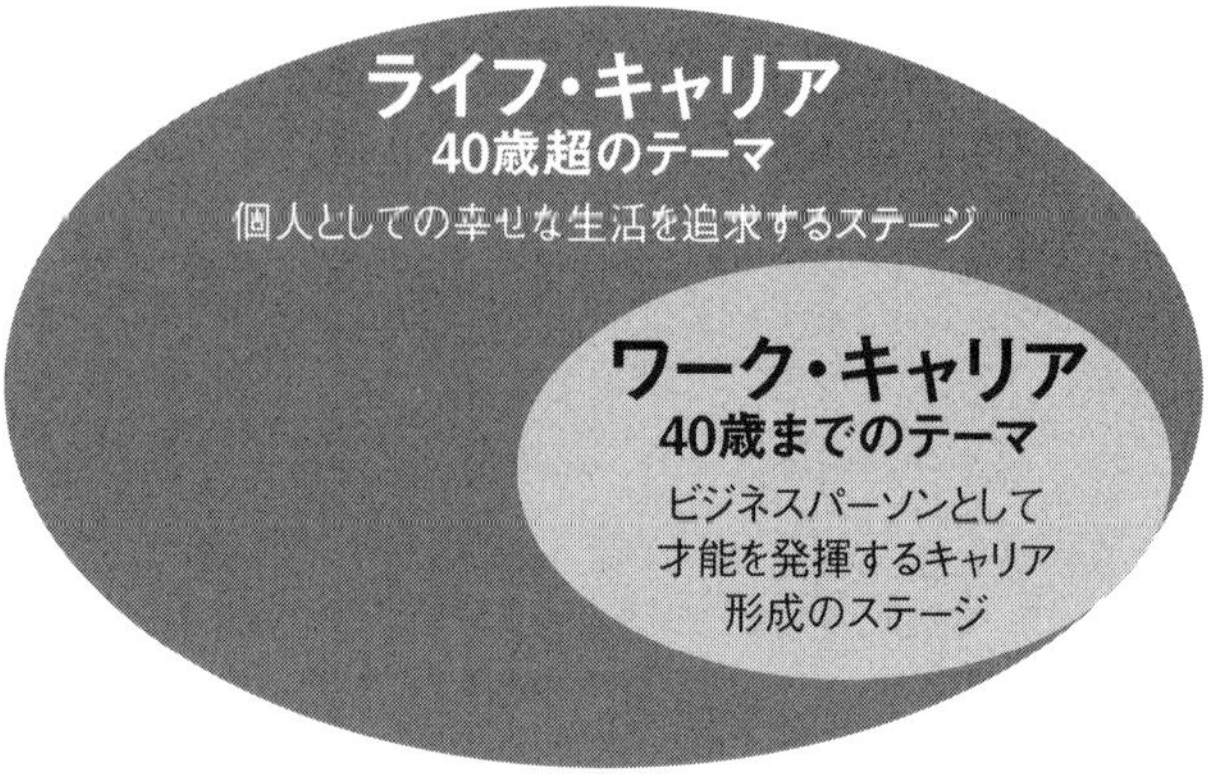

著者作成

ようになってきている（図表2-1）。職業や仕事という働くことを通じて形成されるのが「ワーク・キャリア」で、これを「狭義のキャリア」と呼ぶ。また、職業を超えた日々の生活や社会的活動などを通じて形成される「ライフ・キャリア」のことを「広義のキャリア」と呼んでいる。

そのうえで私は、あえて「ワーク・キャリア」を40歳までのテーマとし、「ライフ・キャリア」は40歳を超えてからのテーマと設定した。むろん、一概に年齢で区切ることはできないのは承知のうえである。

仕事を中心に企業・組織の一員としてスキルを磨き、社会人として才能を発揮するキャリア形成のステージを「ワーク・キャリア」、職業領域はもとより個人としての幸せな生活を追求するキャリア形成を超えた人生そのもののステージを「ライフ・キャリア」として俯瞰すると整理しやすい。

ところで、「ライフ・キャリア」を中心に考えなければならない年齢は、今後、どんどん下がっていくことになる。職業、個人生活の両方の領域で、幸せな生活を追求するにはどうするか、自身で考える必要性が出てきているためである。昨今、「人生100年時代」とよく耳にする。現実味を帯びてきている。

これからの「人生100年時代」を思うと、この40代前後の時間は、人生において最も貴重で大切にしなくてはならない時間だと思う。それは、30代、40代のあなたにとってこの先、これまで生きてきた分と同じくらいの時間を働かなければならないからだ。気が遠くなる話だが、だからこそ自分らしく充実した生活を送りたい。

自分の目標を明確に持ち、その目標を達成するために、自分をさらに磨き、成長していくことが求められるのだ。自分らしく生きるために何が必要かを考えるときである。

「企業不祥事」は「個人のキャリア」と関わりが深い

キャリアの説明をしたが、それはいまから触れる企業不祥事と決して無関係ではない。

組織と個人のあり方を考えたとき、企業不祥事と個人のキャリアは大いに関係があることが把握できた。私自身30代、40代の働き盛りのサラリーマン時代には、こんなことは考えたこともなかった。

そもそも「キャリア」という言葉自体、日本ではなじみが薄く、頭の隅にもなかった。しかし、不祥事という形で、人生の壁にぶつかるたびに、自分の生き方やあり方について考えることが多くなり、それがキャリアに目覚めるきっかけとなった。

不祥事の背景には人間の心理が少なからず影響をおよぼしていて、企業不祥事を起こす具体的な要因として企業の労働環境（企業風土、職場体質、人間関係）と、個人のキャリア観に相関関係があることがわかった。

たとえば、仕事で上司から指示されたことが、社会の常識から逸脱していそうでしっくりこず、限りなくブラックに近いグレーゾーンでの危ない仕事だとしよう。

そんなとき上司に、

「この仕事は危ないからやりたくありません」

「これってコンプライアンス違反ですよ」

などと、堂々と反論できるだろうか。仮に、あなたの部下から、

「こんな仕事のやり方はコンプライアンスに触れます。やめましょう」

と言われたら、それを聞き入れてやめることができるだろうか。本来であれば、相手が誰であろうが、コンプライアンスに反するような仕事は、毅然と断るべきである。断らなければならない。

しかし、現実は違う。反論など、なかなかできない。その上司が自分の尊敬する上司や憧れている上司だとすると、なおさら逆らえない。その結果、自分の意に反して、グレーゾーンに足を踏み入れることになる。限りなくブラックに近いグレーゾーンでの危ない仕事をはねのけることは、そんなに簡単なことではない。不祥事が繰り返される背景はここにもある。

これは、すでに公になった事案だが、メーカー企業2社でこんな事例があった。いずれも「品質データを改ざん」するという事件だった。A社の場合、入社間もない社員が「現状のやり方が法令違反ではないか」と指摘したという。その場には、部門の責任者である部長も同席し、聞いていた。B社の場合、品質保証室の担当がデータ改ざんの事実を知っていて、「改ざんをやめたい」と上司に訴えたという。ところが、この2社とも、この切実な現場の声が経営者には伝わらなかった。

結果、改善されることなく、事件の概要が白日の下に晒されることとなった。勇気を振り絞って「ノー」と言っても受け容れられない現実があることも、「おかしい」ことを「おかしい」と言える企業風土づくりを阻んでいる要因である。

「会社や組織」と「個人」は対等だと考えよ

このように、おそらく誰もが「おかしいこと」を「おかしい」と主張し、指摘することは当然のように考えるが、その考えと行動が必ずしも一致しないことが現実に起こっている。「ノー」と言うのは、すごく勇気がいる行為だ。もし、目の前で起きている不祥事の実態を知っていたとして、それを「やめるべき」と言うことは、自分の罪も認めることになるからだ。相当な覚悟がいる。それまで積み上げてきたキャリアを壊すことになりかねない。

人間の心理としては、長いものに巻かれた方が楽で「赤信号、みんなで渡れば怖くない」という気持ちで乗り切りたくなる。

一方で、自分のアイデンティティーが明確で、キャリアの自律ができている人は、曖昧な対応はしない。物事について「イエス」なのか「ノー」なのか、「白に見える」か「黒に見える」かを意見として主張することができる。アサーション（主張）ができる人だと言える。

自分の人生には自分が責任を持たなければならない。誰しも働くことで社会に貢献したい、嘘をつかず、ごまかさず粛々と働きたいと思っているはずである。

上司の指示・命令には逆らえない、という思いの強い人は、アイデンティティーが不明確でキャリアの自律ができていない人ということになる。キャリアの自律ができていない人を私は、「自らのキャリアを企業や組織に依存した人」と定義している。

わかりやすく言えば、『企業に入った以上は定年までいたい。そのためには、どんな仕事も上司や組織の指示・命令に従い、生産性や品質向上に貢献し、その対価として「終身雇用」という保障が欲しい』という人をイメージする。

むろん、このこと自体は何も悪くない。前向きな姿勢で会社に忠誠を誓うのは大事なことだが、これでは会社や組織と対等な関係がつくれない。これからの時代、いままでのように会社・組織にぶら下がろうと思ってもぶら下がることができなくなるという危機感を持つべきである。

長期的視点が求められる「キャリアの自律」

ところで、「キャリアの自律」はあまり聞きなれない言葉だと思う。どんな意味なのか理解を深めておこう。慶應丸の内シティキャンパスにおいて、「キャリアの自律」に関し定義した記事から引用したものである。この定義が私には最もしっくりくるもので、本書ではこれを紹介したい。

「『自律』のできる人は、他者のニーズを把握し、それとの調整を図りながら、自分自身の行動のコントロールを行い、自らを律しながら、自己実現を図ることのできる人材である。いわばアサーションとも呼べるものであろう」

「『キャリアの自律』とは自分自身のキャリアビジョンをしっかり持ち、長期的な視点から自分のキャリアを構築することであり、困難な状況にも自己動機づけを持ってチャレンジし、バリューのストレッチングを行うことのできる状態である。言い換えるなら、チャレンジの気持ちを持ちながら、日々の自己啓発を行うことに他ならない」

（慶應ＭＣＣ　花田光世他）

議論の場があれば組織の暴走は止められる

このように自分のキャリアビジョンをしっかりと持ち、チャレンジ精神があり、自己啓発を行うような前向きな人であれば、たとえ相手がどんな人でも、おかしいことはおかしいと言えるだろう。嫌なら嫌と明確に言えると思う。そこで、なぜおかしいと思うのか、なぜ嫌なのか、議論が起きることが重要である。

つまり、職場の中にこのような人物がいれば、グレーな指示・命令であっても、疑問や不安を感じた際に議論が起き、意見交換、情報共有ができる。価値観の異なる複数の人が議論することで、個人的な暴走はもとより組織内の偏った方向への推進力を抑止することになる。「三人寄れば文殊の知恵」ということわざがある。「凡人であっても3人集まれば良い知恵が出る」という意味だ。

せめて3人で相談できるくらいの職場環境は、確保したいものである。いずれにしても、事故や事件になる前に相談する、意見を言い合うことで、未然に防ぐことができたケースは多くあるに違いない。

いま、なぜキャリアの自律が必要なのか

これからは会社・組織にぶら下がることができなくなると前述した。それは人生100年時代という時代背景も踏まえ、これまで以上に将来を生きていくには、「時代の変化に

対応する力、自分自身で生きていく力が求められる」からである。

「時代を読む」3つのポイント

①定年がなくなる?

諸外国ではアメリカをはじめ定年制度が禁じられている国があり、定年制は一部の職業を除き、年齢を理由とする差別行為とまで言われている。これから日本は、平均寿命も健康寿命もさらに伸びていく。

「100年ライフという贈り物」(リンダ・グラットン)をもらったのだから、このチャンスを活かさない手はない。自分の力で生きる時間が長くなるわけで、いまから「準備」が必要になる。これから長く社会で通用する「武器」を、社会で売れる「商品」をつくらなければならない。

②少子高齢化の影響は大きい

日本の「少子高齢化」は深刻である。15~64歳の「生産労働人口」が、65歳以上の高齢者を支え切れない状況になりつつある。2010年には、生産労働人口約2・8人で高齢者1人を扶養していたが、2030年には約1・8で1人を扶養することになるという。

運動会をイメージしてもらうとわかるが、騎馬戦状態から肩車状態に移行しつつあるわけだ。想像しただけで不安になる。

この状況を打開するには、支えられる高齢者（65歳以上）に支える側に回ってもらうことだ。かつてと違い、いまの高齢者はとても元気だ。分子ではなく分母になるということは、エンプロイアビリティー（変化する労働市場に対応して雇用機会を確保する。そして雇用を継続できる能力を個々の労働者が身につけること）が重要となる。魅力ある「被雇用能力の高い」高齢者になってもらわなければならない。

30代、40代が「まだまだ先の話だから何とかなるさ」なんて、高《たか》を括っている場合ではない。生産労働人口が減るということは、あなたにとっても将来、ボディブローとしてきいてくる重要な問題である。

③「転職」が当たり前の時代がやってくる

経団連の中西宏明会長が、「経済界では終身雇用は守れない」と発言している。その理由に、「人生１００年時代に、一生一つの会社で働き続けるという考えから企業も学生も変わってきている」との認識を示している。

企業の定年制がさらに伸びる、あるいはなくなる時代において、企業の体力から考えて

図表2-2　自律的キャリア形成の必要性

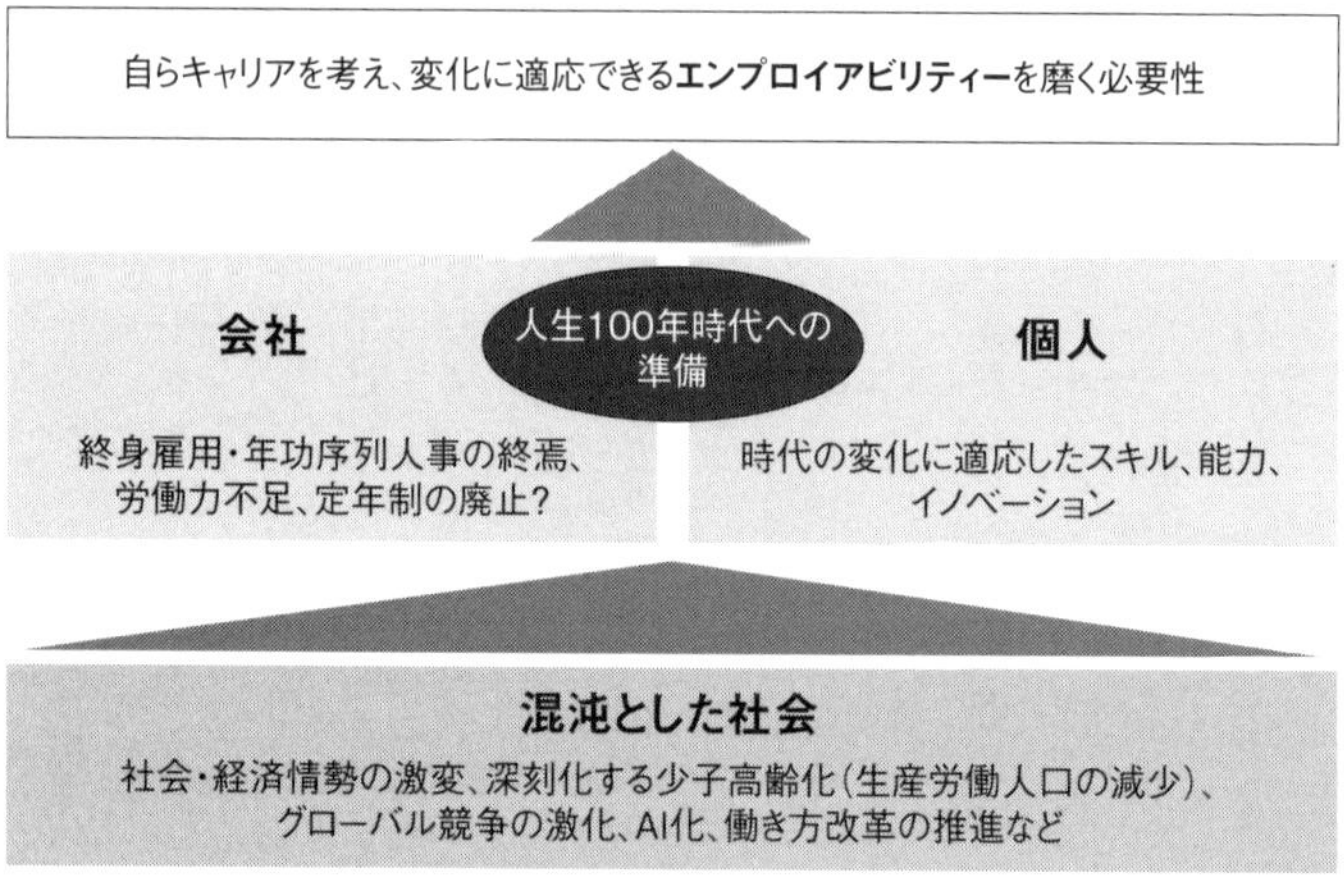

著者作成

も終身雇用が守れなくなることは想像にかたくない。それは18歳や22歳で入社した社員を定年まで守れないことになる。

と同時に、必然的に高齢者の「転職」が増えることになり、高齢者の雇用の流動化が起きる。ますます転職に必要なエンプロイアビリティーが重要になってくるのだ。

要するに、転職しながら70～80歳まで働くには、社会に通用する「武器」「商品力」を持つこと、そしてそれを磨きエンプロイアビリティーを高めない限り、「人生100年時代」を自分らしくまっとうすることができない時代に突入した（図表2-2参照）。

エンプロイアビリティーには、当然、社会人としての良識、職業倫理は含まれている。

エンプロイアビリティーを高めるためには、「自分自身のキャリアビジョンをしっかり持ち、長期的な視点から自分のキャリアを構築し、困難な状況にも自己動機づけを持ってチャレンジし、バリューのストレッチングを行う」ことが求められる。すなわち、前述したキャリアの自律が不可欠ということになる。

自分も相手も大事にするのが「アサーション」

慶應MCC花田光世教授の「自律」の定義に「アサーション」(assertion)という言葉が出てくる。これはキャリアの自律とは切り離せない概念で、和訳では「主張」「断言」「断定」などの意味を持つ。これだけでは、少し自己本位なイメージを持つが、本来、アサーションとは、「自分のことも相手のことも大事にするコミュニケーション・スキル」である。自分の素直な気持ちや考えを相手に伝えつつも、相手のことも気遣い大切にできるスキルである。果たしてあなたの職場で、こんなアサーティブな対応をできる人がどれほどいるだろうか。

たとえば、仮に職場で理解しづらい風習や踏襲が続いているとしたら、あなたはそれを変えようと行動するだろうか。

第1章でも投げかけていることだが、おそらくあなたは「おかしいと思うことはすぐにでも変えるべき」「私たちの世代で改革する」と答えるだろう。優等生の回答だ。

ところが、職場に戻るとこの気持ちが一気に萎えてしまうのではないか。なぜなのだろう。

日本人は、昔から本音と建前を使い分けながら相手を傷つけないように生きてきたからだ。

これは、日本人特有の相手を思いやるとても心根の優しい部分であるが、一方で、不利益になる本音を抑圧した取り繕った言動であり、本来の議論はできない。少なくても本音と建前を使い分けているうちは、真の改革などできるはずはない。

ただ建前論を否定しているのではない。ニヒリズムでは建前は理想を示しており、大事なことであると位置づけている。本音ばかりでは、時にぶつかり合うことも起きるだろう。

傾聴姿勢を忘れなければ意思を示していい

「本音と建前を使い分けること」と「アサーション」とは意味が違う。相手が上司であろうが部下・後輩であろうが、自分の考えを尋ねられたら、「私の意見（考え方）は〇〇だ」と答え、明確な意思表示をすればいい。

ただ、相手を傷つけない表現の仕方、そして相手の話を聞く傾聴姿勢は必要である。

これには、相応のトレーニングが必要であることを付言しておこう。ともかく、その場を凌《しの》げればいいというご都合主義は、単に自分の気持ちに嘘をつきごまかしているだけのことで、何も解決しないことだけは明白だ。

さて、あなたはアサーティブな対応ができるだろうか。自信がなければ、勇気を持って少しずつでいいので自分を変えていく努力をしていこう。

明日からのあなたの行動変容に期待したい。

「キャリアの自律」と縁遠かった私の過去

本音と建前を使い分けるな、と言うのは簡単だ。しかし、そのためには自分の信念を持たなければならない。自分の「軸」がぶれないことが重要だ。「キャリアの自律」でも散々説明してきた。

特に30代、40代は、キャリアの自律を図っていくことが大切な時期である。なぜなら、いずれぶつかるであろう「中年期のアイデンティーの危機」という壁を乗り越えるためにも必要なことなのだ。これについては、後述する。

一方でこの年代は、役職がつきはじめ職責や部下のマネジメントなど背負うものが多くなってくる。忙しさを言い訳に、つい「これくらいは」と、周囲で起きている小さなミスやトラブルに目をつぶることも少なくない。しかし、その一時的な思考停止こそが自分のキャリアを壊すことになりかねない。

ただでさえ、仕事もプライベートも忙しく、部下や後輩の面倒をみる余裕もないと思う。だが、それを理由に逃げていては自身の成長はない。こういうときこそ、笑いながら仕事をこなし、部下や後輩の話を真剣に聴ける余裕を持って欲しい。人が忙しいときは、他者から自分が求められている証で、それを糧に頑張ることができるのだ。

まずは他者に依存することなく自らできることにチャレンジしてみようじゃないか。結果は、後からついてくるはずだ。

むろん、失敗することだってあるかもしれない。これも、キャリアアップなのだ。しょせん仕事のうえでのことである。命まで取られることはない。こうした経験を経ることで自分らしさを知り、自分の方向性が見えるようになる。「キャリアの自律」を自覚することができる。会社はあなたの人生を創ってはくれない。いいや、創れない。自分の人生は自分で創るしかない。

「集団で決める」ことが無責任を生む可能性も

いまだからこそ、こんなふうに勝手なことが言えるが、私が30代、40代の頃は自分自身を見つめ直す時間も場もなかった。自己理解の考え方すら知らなかった。キャリアの自律どころか、自分のアイデンティティーもわからず、周囲に振り回されていただけの毎日だった。

当時、キャリアという言葉もなければキャリアコンサルティング（カウンセリング）などという職業もなかった（と思う……）。仮に30代で自らのキャリアについて考え、自己理解を深めるチャンスがあればどんなに人生が変わっていたのだろうか、とふと考えることがある。

私は30代のほとんどを労働組合活動に費やした。多くのことを学び、貴重な経験ができた。そのこと自体に悔いはない。しかし一方で、会社の不祥事が次々と起きた。なぜ、最初の段階できちんと原因を追究し、再発防止が徹底できなかったのか、悔やまれて仕方がない。

いま思えば、自分の危機管理意識が欠如していたとしか言えない。「不祥事の対応とはこんなものだろう」と思っていた。組織の中の「村意識」にどっぷり浸かり、集団浅慮《せんりょ》状態に陥っていた。キャリアの自律とはほど遠い、おかしいことをおかしいと気づくことができない、見れども見えずの自分がいた。

「浅慮」とは、集団志向とも言われ、心理学者アービング・ジャニスが提唱した概念であるが、それによると、「集団思考の8つの兆候」があるという。

集団思考の8つの兆候とは、
①失敗しても『集団は不死身という幻影』
②強度の『われわれ感情』――集団の定型を受け入れるように奨励し、外部者を敵とみ

なす
③『合理化』――責任を他者に転嫁しようとする
④『モラルの幻影』――集団固有のモラルを当然のこととし、その意味を検討する気さえ起こさせないようにする
⑤メンバーが波風を立てないよう『自己検閲』をするようになる
⑥『満場一致の幻影』――メンバーの沈黙を同意と解する
⑦不一致の兆候を示す人に、集団のリーダーが『直接的圧力』を加え、集団の統一を維持しようとする
⑧『心の警備』――意義を唱える見解が入ってくるのを防いで、集団を保護する

要は、「人間が集団で物事を決定するとき、一人で決断するよりも、失敗する危険性が高まる」というものだ。特徴として、集団内の人間関係が良好で結束力が強く、そのメンバーは、自分たちの集団の存在自体をポジティブなものと考え、帰属意識が高いことなどが挙げられる。「村意識」が強く、これを放置しておくと「タコつぼ」文化が醸成されてしまう。あなたの職場は大丈夫だろうか。

よく「○○Ｌｏｖｅ」という言葉を聞く。○○のところにいろいろな名詞が入る。たと

えば、「会社の商品」「会社」「仲間」など。確かにこの熱い思いは大切なことだが、たまに客観的な眼で自身や職場を評価してみるのもいい。常識だと思っていることが、社会から見ると非常識と思われるようなことはないだろうか。あれこれ気づくことがあれば、あなたがまだ「村組織」に染まっていない証左である。

「会社のため」を最優先した40代管理職の罪

40代は、特に公私ともに背負うものが増える。中間管理職として、責任という重さを感じるのもこの頃である。目の前で起きている事象に対し、いちいち正面から向き合うこと自体が煩わしくなる。まわりを見るとすべて「ないない尽くし」。こんな状態では、いかに合理的に仕事を進めるかが、優先的な課題とならざるを得ない。

したがって、正義や社会の良識にこだわり、事を進めるよりは、上から指示されたことを指示されたとおりにやる方が楽だし、早い、という結論に達する。が、ここで踏みとどまって欲しい。この決断は、すでに長いものに巻かれている状態ではないか。安きに流れることは人間の常だが、その前に少しでも抵抗して欲しいのだ。自分ができることを考えて欲しい。

以下は、知人から聞いた某企業の工場で実際に起きた事例である。中間管理職としてあってはならないことであるが、一方でそうするよりほかなかった苦しい職場事情を物語っている。

有給休暇者なのに全員出勤!?

ある工場の部品組立課でのできごとだ。この日は年末最後の出勤日で、労働組合役員のWさんが生産現場を巡回していた。部品組立ラインの横にある「QC広場兼職長室」にWさんが年末のあいさつに顔を出すと、そこには部品組立課のF課長（46歳）がいた。WさんがF課長に近寄り話かけようとした際、F課長の顔が瞬間、こわばったことに気づいた。

この職長室には、現場作業者全員の氏名が記載されたホワイトボードが掲示されていた。Wさんはその掲示板を見て驚いた。なんと全員の氏名の横に「有給休暇」と書かれている。もちろん、組立ラインは何事もなく動いている。休んでいるはずの社員が働いているということになる。

「F課長、これはどういうことですか？」

「……すみません」

「F課長、この状況を説明してください」

「実は、毎月の有給休暇取得状況を労使生産委員会で報告していますが、わが部品組立課は取得率がいつも低く、部長から叱られているんです」

「部長からは、今年最後の月くらいは部内でトップになれと言われ……」

「それで？」

「それで……、きょうは年末最後の出勤日なので今月の有休取得率を上げるために、職長と全社員に頭を下げて有休を取ったことにして出勤してもらいました」

「なぜ、こんなことをしたのですか？」

「毎月、ギリギリの人員で、品質も生産性も下げるわけにいかず……部内でトップになることも約束しましたし……」

「本当に、申し訳ありませんでした」


まったく言い訳にもなっていない。さすがに、いまどきこんな事案はあり得ないと思うが、これは明らかに就業規則に違反している重大な問題だ。管理職としての職責を果たしていないことは当然だが、なぜごまかそうとしたのか、こんな稚拙な判断で、本当にバレないと思ったのだろうか。このW課長は実直な管理職で、上から指示されたことは何があろうと達成するという努力家であった。その一方で、「イエスマン」でもあった。

いろいろ調査すると、この会社には特徴的な企業文化があった。それは上司からの指示や質問に対し、「知らない、わからない、できない」と発言することが許されなかった。多くの部下一人ひとりに頭を下げてまで「有休」を取ったことにした決断力と行動力があったのであれば、そのエネルギーを上司に対し、向けて欲しかった。その場しのぎの嘘やごまかしはよくない。さらに、このW課長のみならず、有休消化の依頼があったとき、職長や従業員の誰もが異議を唱えていない。なぜ、断れなかったのか。倫理観のかけらもない行為で罪は重い。お天道様は必ず見ているのだから——。

あなたの職場は、本当に知らないことは知らない、できないことはできない、と言い合える環境であって欲しい。そして、時間をかけてでも「知ること」「できること」の喜びを共有できる職場であることを願いたい。

意見を言った挙句の果てが、なぜかスパイ扱い

私の友人にこんな経験をした人物がいた。彼はHさん、当時40歳。工場の人事部から本社の経営企画部に管理職として異動になり、ちょうど1カ月が経った頃だった。同じ工場の上司だった経営幹部と廊下ですれ違い、

「新しい職場はどう?」

と聞かれた。Hさんは、間髪をいれず、

「みんな朝(出社)が遅く、何もわからない私が工場や海外からの問い合わせの電話に苦労しています」

「転任前にイメージしていたのとは、ずいぶん違う職場ですよ」

と返した。すると、数日後先輩の管理職から会議室に呼ばれた。そしていきなり、

「お前は人事部のスパイと呼ばれているぞ」

「あることないこと言うんじゃない」

と、叱責されたばかりか、

「関係者に謝れ」

ときた。彼は、すぐに事情が呑み込めた。この指摘には、もちろん毅然と反論した。Hさんは、

「すべて事実しか言っていません。いまは工場と本社の意識の違いに不安を感じています。スパイと見られていることは第三者が判断しているので仕方ありません」

と、引き下がらなかった。謝る理由もない。

人事部のスパイというのは、先日廊下で会った経営幹部が人事部出身の役員で、おそら

く人事部経由でHさんの先輩の耳に入った話だと想像がついた。Hさんが人事部に自分たちの職場の情報を流していると思われたからだと理解できた。この話は想像以上に大きくなり、夜のプライベートの宴席でも、当時Hさんが所属している部署の役員から、他部門の社員が多くいる前で、

「こいつは人事部のスパイだから、酔った勢いで変なことは話さない方がいいぞ」

とまで言われたそうだ。さすがにここまで嫌みを言われてガッカリしたと語ってくれた。ガッカリしたのは言われた内容ではなく、こうした役員が酒の勢いを借りて、しかも大勢の前でしか言えないという事実だ。

Hさんに直接事情を聞けばすむことなのに、風の噂で伝え聞いたことを何も関係のない社員の前で言う必要はない。まるでパワハラだ。これを機に、Hさんがこの役員と酒を飲むことは一切なくなったそうだ。

「おかしいことをおかしい」と言える環境をつくる

それにしても日本人は、お酒を飲むと本音で言いたいことを言葉にするのに、なぜ素面《しらふ》だと言えないのだろう。私はいまでも取引先の若手の管理職とお酒を飲むことが多い。前夜酒を飲みながら上司や会社の苦情を言っていた彼らに対し、

「夕べ言っていたことをはっきり言えばいいじゃないか」

と、ミーティングの席で振ることがあった。すると、たいていが

「そんなつもりで言ったんじゃないから」

と、逃げられる。どんなつもりで言ったのか聞きたいと思った。

いずれにしても、Hさんの場合は「キャリアの自律」ができていたと言える。現に、Hさんは工場にいた頃から、上司や取引先に対しても、おかしいことや納得できないことはきちんと意思を伝え、説得に努めていた。長いものに巻かれることなく、自分の良識に基づきおかしいことをおかしいと言い、その姿勢を貫いた。

個人のキャリアと職場環境は相関性があると前述したが、Hさんがいた会社は、人事部門の経営幹部をはじめHさんの上司である役員の言動でわかるとおり、本音と建て前を使い分け、本音を言い合えない企業風土が知らず知らずにできあがっていたのである。残念なことにHさんは、この企業体質になじめず転職の道を選択することとなる。

あなたは、この事例を読んでどう感じるのだろう。

キャリアの自律というより、正義感の強さ、アイデンティティーの明確さを感じる事例であるが、いずれにしても、こうした個人のキャリア観と職場の倫理は、相関性がある。せめておかしいことをおかしいと言い合え、正しいことを正しいと認め合える仲間や職場

環境をつくって欲しい。

なぜ、私がそこまでこだわるのか？

考えてみて欲しい。朝、「行ってきます」と家を出て、「ただいま」と帰るまで、会社の拘束時間は10時間を超えてしまう。この時間が辛く楽しくない時間だとすると、これほど辛いことはない。どうせなら少しでも楽しくイキイキと働きたいではないか。そんな職場をつくりたくはないか。何でも言えて、笑顔のあふれる職場の実現は、あなたの使命だと思って欲しい。これを怠ると、おかしいことさえ誰も気づかないまま、不祥事がはびこる組織になり、人も組織も崩壊してしまう。

不祥事企業の社員に多くみられる共通点

社員が、おかしいことをおかしいと感じなくなった典型的な事例がある。これは私の目の前で起きたことである。私は企業から「コンプライアンス研修」の依頼を受け、講師として出向く機会が多い。この企業は製造業で、以前に社会を騒がす不祥事をいくつか起こしていた。

その日は、若手従業員向けに「日常のコンプライアンス行動の大切さ」というテーマのセミナーであった。私は午後からのセミナーのため会場がある本社工場に向かって移動し、本社工場前の信号で、赤信号が青信号に変わるのを待っていた。ちょうど昼休みが終わる頃だった。

するとその工場のユニフォームを着た従業員の多くが、赤信号にも関わらず堂々と横断歩道を渡りはじめたではないか。ユニフォームの胸には、社名ロゴが入っている。思わず信号を再確認したが「赤」のままだった。驚きを超えてあきれてしまう。

そのとき、私と一緒に信号待ちしていた親子がいた。小学校低学年くらいの男の子とその母親であるが、そのときの会話が忘れられない。社員が赤信号を渡っている姿を見た小学生の男の子が、

「ねえ、ママ、あの人たち、赤なのに渡っているよ」

すると、母親が、

「あの会社は、ずっと悪いことばかりしていてね、だからあの人たちは（悪いことをしても）いいのよ。でも、○○くんはやっちゃダメだよ」

「うん、わかった」

私は、とても悲しくなった。おそらくこの親子は、この会社が製造し、売っている商品のユーザーにはならないのだろうな、と思った。

「社内の常識」を常に俯瞰する眼はあるか

この会社は、これまでの不祥事を反省し、若手従業員からコンプライアンス意識を醸成しようという矢先の従業員たちの行動である。しかも、小学生の親子がいる目の前で、決してやってはいけない行動を複数の社員が悪びれることなくとっている。ということは、日常茶飯事の光景であることが想像できる。

私は当然、このことをセミナー担当の責任者に報告し、セミナーの冒頭でも受講者に伝えた。すると、何と受講者の中に赤信号を渡った従業員が複数いたのだ。私は、「なぜ、赤信号で渡ったのか」を尋ねた。すると理由は、このセミナーに遅れそうだったからだと平然と言う。コンプライアンスをテーマにしたセミナーを受講する資格がないと感じた。

それにしても、目の前で信号無視をして渡っている者を誰一人として注意しないというのはあまりに寂しい。見つからなければいい、バレなきゃいい、という企業体質に慣れてしまっているという赤信号だ。この会社は、その後にも不祥事を起こしている。

もう一度、身のまわりを確認して欲しい。社内の常識が、社会の非常識になっている言動はないか。自分たちが気づかないだけで、社会から見ると理不尽なことは多く潜在しているのではないだろうか。そんな隠れた非常識があるならば、あなたの力でいまのうちに洗い出し、対策を打つべきである。

「アイデンティティーの危機」は変革のチャンス

私の30代～40代の20年間は、アイデンティティーを完全に見失っていたということは述べたが、自分自身を見つけられなかったという意味で「失われた20年」だった。

私が以前読んだ本の一説に次のような文章を見つけた。まさに、当時の私の気持ちを代弁している。

「中年のアイデンティティーの危機は、限界ではなく脱皮するチャンス。……40歳代を中心とする中年期は、人生半ばの峠であり、心理的な危機期である。就職して20余年、自分の仕事についてはベテランであるという意識を持てる一方、これから先、どのくらい業績があげられるか、どれほどの地位につけるかという先の見通しも、入社当時と比べるとかなりリアルに見えてくる。

……こうした自己内外の変化を意識するにともなって、多くの人々は、自分の生き方はこれでいいのか、本当に納得できる人生とは何なのだろうと、改めて自分の生き方を振り返り、問い直す。中年期のアイデンティティーの危機は、このような体験からはじまることが多い」

あなたは、アイデンティティーの意味をどう解釈しているのだろう。かつて、大学院で宮城まり子教授（当時、法政大学）の「キャリアカウンセリング論」を履習した際、私の授業での研究テーマが「アイデンティティー理論」だった。

一般的には、アイデンティティーとは、「同一性」（identity）、「自我同一性」（ego identity）と訳されているが、イマイチわかりづらい。アイデンティティーは、「自分自身の自分に対する理解」、すなわち「自分がどんな人間かを説明できる状態にあること」だと解釈するとわかりやすい。自分は何者かという存在証明、いわば「IDカード」だと定義したのである。

あなたは自分が物事を判断する基準を提示できるか

このIDカードとは自分が行動し、物事を判断するうえでの基準、つまり「軸」になるものだ。

アイデンティティーを見失っていた40代の男性Bさんが、あることを通じてアイデンティティーを見つけることができたという事例を紹介しよう。

Bさんは、若手管理職として部下5名を束ねていた。仕事は一生懸命やっているが、ふと、将来のキャリアデザインが描くことができないでいる自分に不安を抱くようになった。そんな折、奥さんの乳がんが発覚した。当初は、たいしたことはないという医師の見立てに安堵したが、診察を重ねるたびに深刻度が増していく。30代は仕事が忙しく、自分は家族のために働いているんだ、という自負があり、一切家庭のことを顧みなかった。そのツケが回ってきたと思った。結果、手術し、3カ月入院することになった。

当時、会社の業績が急激に悪化しているときで、管理職として家庭を顧みる余裕などなかった。家では3人の子どもがいて、高校生になる長女が弟たちの面倒をみていた。奥さんが入院して数日後のことだった。Bさんは偶然、奥さんのいないベッドのうえで、当時小学生だった息子が寂しそうに泣いている姿を見たという。このとき、「自分は一体、何をしているんだ。何のために働いてきたのか?」と、自分の無力さに気づかされた。

Bさんはその日を境に、部下の協力を得て会社を毎日定時であがり、奥さんを見舞い、自宅で子どもたちと食事を取るということを実践した。3カ月間は病院通いと家事が日課となったのである。そのとき、「自分にとって大切なもの」に気づき、「自分とは何者か」がようやくわかった気がした。

かつては会社で出世し、家族の喜ぶ顔が見たいと思い「仕事最優先」で働いてきた。仕事で頑張っていることを家族に認めて欲しかった。しかし、最愛の伴侶を失うかもしれないという不安と危機感を感じたことで、自分の価値観が明確になり、アイデンティティーが見つかったと言う。

もし、あなたがBさんのような立場であったらどんな選択をするのだろうか。あなたにとって、大切なもの、失いたくないものは何だろう。

そして、いま、あなたは自分のIDカードを提示することができるだろうか。仕事でもプライベートでもいい。自分が自分らしく、日々頑張れる拠りどころを持つことは大切なことである。それがある人は、家庭でも職場でも笑顔でいられる。その拠りどころが見つからない人は、これから時間をかけて見つければいい。つくればいい。

このケースは、普段から家族が何より大事だとわかっていたつもりではあったが、奥さんの入院がなければ意識変容も行動変容も起きなかった事例である。

「ワーク・キャリア」「ライフ・キャリア」を棚卸しせよ

Bさんには、後日談が加わる。奥さんが退院した後、今後の働き方と生活のバランス（ワークライフ・バランス）について真剣に考えはじめた。自分の価値観やアイデンティティーが明確になったことで、現状のワーク・キャリア、ライフ・キャリアの両面で問題が見えてきたのである。

結局、Bさんは会社を退職することを決めた。ワークライフ・バランスでいうと、少しプライベートの部分に重心を置こうと考えたのだった。実は、Bさんは深刻な悩みを抱え、モチベーションはどんどん下がりつつあった。

その理由がこれだ。3カ月間、毎日定時であがり家事に専念したことは前述のとおり。奥さんが退院し、心身ともに100％仕事に復帰したものの、仕事に関しては3カ月前と何も状況が変わっていなかった。別にBさんがいなくても仕事は回っていたし、復帰したからといってBさんでなければならない仕事はなかったことに気づいたのである。

入社して22年になるが、初めて、自分はこの職場に必要な人間なのだろうか、いてもいなくてもどうでもいい人間なのではないか、と考えるようになった。むろん、奥さんが入院中も、毎日会社で働いていたわけで、仕事に支障がないのは当たり前と頭ではわかっていても釈然としなかった。

人は、誰でもまわりから認められたい。できれば感謝されたい。褒められたい、という気持ちが強い。「マズローの欲求5段階説」の承認欲求だ。Bさんは、日に日に自己肯定感が下がり、周囲の仲間とも距離を置くようになった。

「自己肯定感」は元気の源になる

あなたは、職場の中での自らの立ち位置を確認しているか。職場での存在感に満足しているだろうか。

これは自分自身の満足度の問題である。時々、確認してみるといい。会社や仕事に対し、自己肯定感が高いのか、低いのか、その理由は何なのか。必ず原因がある。自分を肯定できる職場環境があることは、とても大事なことである。自分が職場や周囲から必要とされていると実感できることは、モチベーションにつながる。実は不祥事が起きる原因の一端は、このことも影響している。このことは、この後の「不正のトライアングル」で説明する。

自分を肯定できない人は、他人も肯定することができず、何事に対しても否定的、非協力的な態度を示すことが増えてくる。そうなると必然的に職場の人間関係が壊れてくる。これは人間の心理である。毎日、イキイキ働くには、自己肯定感の向上は必要条件である。

ところで、あなたの職場で、最近元気がない、笑顔が少なくなった、あいさつをしなくなった、という人はいないだろうか。それは、明らかに自己肯定感が下がっている状態と言える。逆の場合は、自己肯定感が上がっている。そんなときは、どちらの場合も、声をかけるといい。

「最近、元気がなさそうだけど大丈夫？　何かあれば相談に乗るよ」

「最近、笑顔が増えたね、さてはいいことあった？」

など。人は声をかけられるだけで「自分に関心を持ってくれている」と安心感を抱き、それだけでも元気になれる（第1章、マザー・テレサの言葉を参照のこと）。こんな些細なことで、職場に笑顔が増えるのだ。

「不正のトライアングル」防止に役立つ他者への関心

ここまでキャリアの自律の重要性など、個人と組織の関わりについて述べてきた。人は人から無視され、関心を持たれなくなったときに、孤独を味わい、組織に対する忠誠心や帰属意識が希薄化していくことはすでに理解いただけたことだろう。

ここでは人間の心理から、なぜ企業不祥事が起きるのかについて考察してみようと思う。米国の組織犯罪研究者ドナルド・R・クレッシーが体系化した「不正のトライアングル」

図表2-3　不正のトライアングル

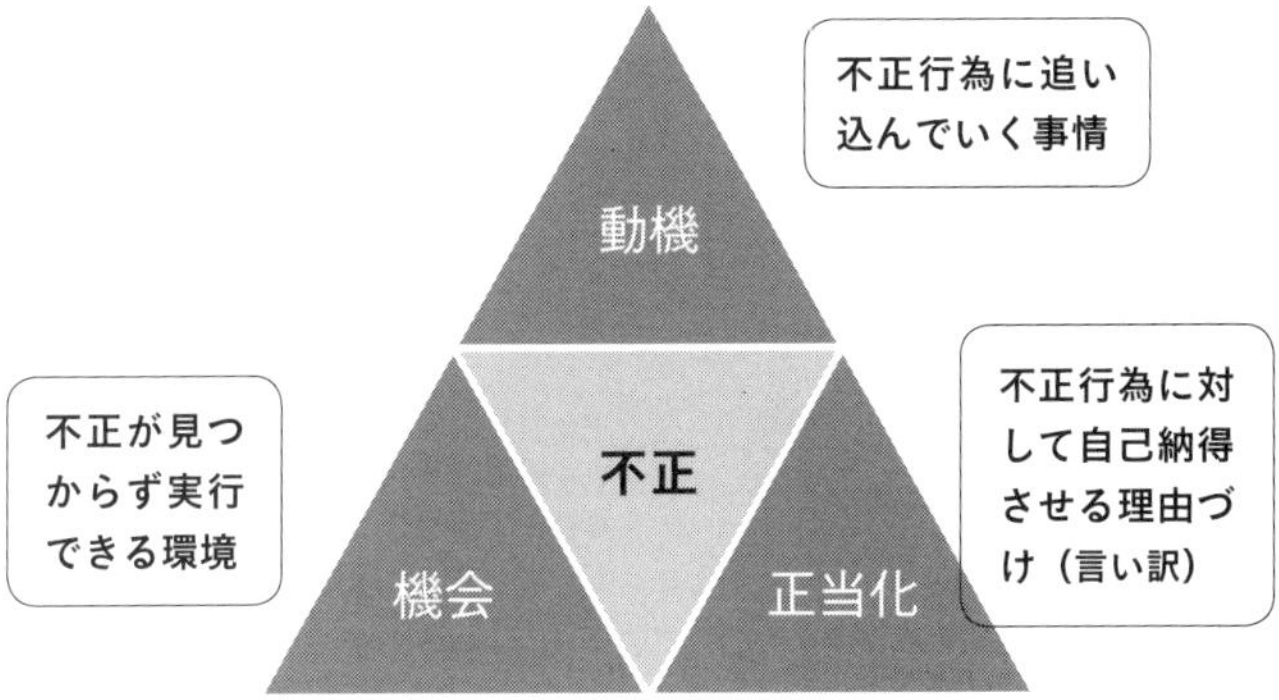

著者作成

という概念がある。

あってはならないことだが、もし、あなたが職場で不正を働いてやろうという気持ちになるとしたら、その職場はどんな職場なのだろうか。どんな人がいて、どんな雰囲気なのか。職場でどんな会話が交わされるのか。あなたが抱く不正が起きそうな職場のイメージを思い浮かべて欲しい。

人が不正を働く背景には、以下の３つの要素があるからだ。

①「不正を働く動機」

具体的には、ギャンブルやお酒など遊興費が欲しい、借金返済に追われている。また、会社に友人がいない、会社の営業ノルマが厳しい、職場でいじめられているなど、困っているが相談できる人がいない。

さらに、「自分の存在を知って欲しい」「いつか仕返しをしたい」「会社や上司を困らせよう」などの思いに端を発し、不正行為におよぶケースが考えられる。

②「不正を働く機会」

会社の内部統制が機能していない、内部統制やルールを無視できる立場にいる、仕事が属人化し、誰もその仕事を知らない、いつも一人で仕事をしているなど、その気になれば他者にわからないように不正を働くことが可能な環境をいう。

③「自己正当化」

これは「誠実性・倫理観の欠如」と言い換えることができる。たとえば、「私はこんなに貢献している」「これくらいはいいだろう」「自分だけが悪いのではない」、など自分に都合のいい理由をこじつけ正当化することである。

元来、人は不正を働く「動機」と不正を働く「機会」が揃っていても、心の奥に人間としての誠実さや道徳観（倫理観）がある。この最後の砦が機能するか否かが重要になる。最後の砦が機能しないと、「誠実性・倫理観」を欠くことになり、自己を正当化し、不正への抵抗感が低い心理状態となり、不正を働く可能性が出てくる。

この「不正のトライアングル」が成立し、ある職場で起きた不祥事の事例がある。このこのケースは幸い被害を負うことはなかったが、人の心理を反映した珍しい事例である。この

「社内での孤立」がきっかけで小銭を盗む社員

某大手企業の管理部門（バックオフィス機能）の職場でのこと。ある月曜日の朝に、その不祥事が発覚した。毎週月曜日の朝、多くの社員は出社すると自動販売機のコーヒーを購入して飲む。そのため社員の多くは、机の引き出しに、日頃から自動販売機のつり銭など小銭を貯めておくのが習慣となっていた。

この日、若手社員のHさんは、出社してコーヒーを飲もうと引き出しを開けたが、そこにあるはずの小銭がないことに気がついた。それを周囲の仲間に伝えると、ほかにも毎週月曜日の朝、引き出しの小銭がなくなったことがあるという社員が複数いた。Hさんも、今回が初めてではなく、過去にも同様に小銭がなくなっていたがあまり気に止めなかった。

早速、このことを課長に報告した。課長は当日急きょ昼礼を行い、職場の全社員にこの話を伝え、今後は必ず引き出しに施錠をして帰るように徹底した。

その週末、課長のもとに1通のメールが届いた。同じ職場のY社員（女性、40代半ば）が、「自分が小銭を盗んだ」という告白だった。課長は課員にわからないように別室にYさん

を呼び、事情をくわしく聞いた。

すると、小銭を盗むことが目的ではなかったという。数カ月前からの犯行だったようで、休日に出勤したときに鍵がかかっていない引き出しから小銭を盗り、月曜日の朝のみんなの様子を見るのが、刺激的だったと話す。課長は考えてみればこの数カ月、こうしてYさんと向き合うことも話を聴くこともなかったと反省し、Yさんに詫びた。

Yさんは部門の庶務担当で仕事の内容は、予算管理をはじめ、出張旅費の精算、事務用品の調達など担当者が決まっていない雑務的なものだった。

課長がYさんから聞いた話を要約すると、以下のとおりである。


「私（Yさん）は、とても孤独だった。結婚はしていたが、夫を病気のために早く亡くし、子どもはいない。夫の闘病が長かったため職場の人とつき合うことが少なくなり、夫が亡くなった後も、昼食はいつも一人だった。社員食堂にも行かず、自分の机でお弁当を食べている。

課長は、私以外の社員とは仕事の話をするし、飲み会にも誘うが、私には一切、声がかからない。私の存在を無視されていると思った。仕事はみんなのサポートだが、誰からも『ありがとう』のひと言もない。この職場で私の存在に気づいて欲しかった。

このままでは会社が楽しくないし、仕事にやりがいも感じない。ただそのまま辞めていくのも悔しい。そこで考えついたのが、誰もいない休みの日に出勤し、みんなの机の引き出しにあった小銭を盗み、その反応を楽しむことだった。最初は罪悪感があったが、金額が50~100円レベルであり、生活に支障がないから大丈夫、と自らに言い聞かせていた」

盗んだ小銭は、Yさんの引出しの奥からビニール袋に入った状態で見つかった。「一切、このお金は使っていない」と言う。結局、Yさんは懲戒処分を受け、その後、辞表を提出した。さすがにこんな事案は珍しく、あなたの職場にはないと思うがお金だけではなく、パソコンによる情報漏洩、SNS上でプライベート批判などのいじわるをするケースもリスクとして考えられる。

今回、紹介した事例は、「自分の存在を認めて欲しい」「会社が楽しくない」という動機と、「自分の判断で休日に出勤できる」という機会に「無視され、孤独」「少額だから迷惑はかからない」という「正当化」の心理が働き、「不正のトライアングル」が成立した。

この事例を教訓として、自らの行動を振り返ってみて欲しい。あなたは、自分の部下や後輩に日頃から関心を持っているだろうか。自分の部下の性格や行動特性を把握できているだろうか。これができていれば、不正だって未然に防ぐことはできる。

Yさんがいつも一人でお弁当を食べている様子を見て、誰も何も感じなかったのだろうか。「一緒に食べよう」「たまには社員食堂に行こう」と声をかけることはできたはず。元気のない暗い表情で出社してきたときは、上司が「体調はどう？　大丈夫？」と声をかけることで、何らかコミュニケーションが生まれたはずだ。

不正が起きるときは、「この不正の3要素」に加え、自己肯定感が下がっているときなので、変化に気づいたときこそがコミュニケーションのチャンスである。声をかけることが必要なのだ。

あなたの部下や後輩に、「自分は、この職場では必要とされていない。役に立っていない。自分が何をしても認められない、ほめられないし、叱られもしない」、などと感じさせるようなことがあってはならない。

マザー・テレサの言葉を思い出して欲しい。周囲から関心を持たれていないと実感することほど寂しいことはない。

もし、不祥事に関与していたらどうするか

まさかとは思うがどんな形であれ、もし、あなたが会社の不祥事に関与していたことが

あるとしたら、これからどうすればいいのかを考えよう。そのネガティブ体験を貴重なキャリアとして、今後に生かすことを考えなければいけない。

もう先がない、などと諦めてはいけない。逃げてはいけない。キャリアは決して成功体験ばかりを求めてはいない。むしろ失敗体験が自分を成長させてくれることがある。

第1章でも触れたが、ピンチをチャンスに変える最高の舞台だと前向きに考えるべきだ。ただし、そのためには、当事者意識を持って、起きたことを真正面から受け止めなければいけない。何が原因で、二度と失敗しないためにどうすればいいかを真剣に考え、実践することである。そうすれば何年か後に、「あのときはつらかったけどよく乗り切った」と笑いながら話せるときがくる。

過去の失敗を封印する前に向き合おう

かつての私は自分の周囲で起きた不祥事に対し、恥ずかしいという思いが強く、自分の心の中に封印していた。そんなときに同業の先輩社長からアドバイスを受けたことがあった。厳しくも温かいアドバイスであった。

「あなたは自分の過去に自信がないよね。自分の過去から逃げているのが見え見え。失敗談として学んだことを教訓として前面に出して、仕事をすべきじゃないの？」
「あなたにとっては失敗した過去かもしれないけれど、誰も経験していない貴重なもので現実でしょ。それを強みにしない手はないよ。起きたことを整理し、社会で二度と同じことが起きないように啓発していくことがあなたの使命だと思う」
「逃げているうちは何も解決しないいと思う」

どれも、とても的確な指摘だった。眼から鱗が落ちることばかりだった。それまでの心の中のモヤモヤが晴れ、もつれていた糸が少しずつ、着実にほぐれていくような気がした。このひと言がどれだけ私に勇気と自信を与えてくれたことか。これはキャリア開発でいう自己理解ならぬ他己理解だが、このフィードバックを受けていなければ、いまの自分はない。

働きざかりのいま、将来に漠然と不安を抱えているあなた、また、過去の不祥事を負の遺産として呪縛にかかっているあなた、人間には復活のチャンスは必ずある。

30〜40代のあなたの体験は貴重なものだが、その価値に意外に気づいていないことが多い。それはキャリアの棚卸しができていないからではないか。キャリア形成に役立つような総括をすべきである。自分の人生なのだから、自分で責任を持って、セルフマネジメントしなければもったいない。

充実した人生を過ごすために仕事はある

少子高齢化問題が深刻化する中、人生100年時代が目前に迫ってきた。国連の推計によると、2050年までに日本の100歳以上の人口が100万人を突破する見込みだ。一方、総人口は2060年には（ピークは約1億3000万人）、8700万人まで落ち込むという。その時点の65歳以上の人口は、総人口比40％超と予想されている。ただ、これをネガティブにとらえるのではなく、長寿化の恩恵に目を向け、どうすれば個人や家族、企業、社会全体が恩恵を受けることができるかを考えなければいけない（Lynda Gratton）。

長寿化に対応し、定年もいずれ70歳になろうとしている。定年の概念が変わり、定年制がなくなる可能性も否定できない。人生のステージも、これまでの「教育」「労働」「引退」という3つのステージが、これからはマルチステージ化していく。「仕事」のステージが長くなる（Lynda Gratton）ことは必至で、70歳を超えても働く時代がくる。

そうなると、生涯のうち複数のキャリアを持つようになるし、それに向けて自己研鑽《じこけんさん》に励まなければならない。ますますエンプロイアビリティーを高め磨いていかないと、長寿化社会に置いていかれることになりかねない。

中長期的に将来のことを考えよう

30代、40代のあなたは、目先のことにとらわれているのではなく、中長期的に将来を俯瞰し、長寿化社会への適応を考えたキャリア形成を図ることだ。人生は少しでも楽しい方がいい、に決まっている。できれば自分らしい人生を送りたい。そこで求められるのは、やはり自律的なキャリア開発を行うことである。それは一人ひとりが固有の能力を社会や個人の人生において発揮し、豊かな充実した実りのある質の高い人生（Quality of Life）を送るための意欲と行動が重要だということだ。具体的には2つのポイントがある。

①社会から必要とされる人になれ

クオリティ・オブ・ライフの定義は、人それぞれ異なる。確かなことは人生・生活の質を高めるには、自分自身が社会から必要とされる人材でなければならないということだ。世の中、どんなに時代が変わろうと、必要とされる人材はいつまでも必要とされる。個人としては、常に自分を磨くことが大事であり、それが「生涯育自」（宮城まり子氏）である。人はいくつになっても自分磨きを怠ってはならない。

さて、世の中から必要とされる人材とは、どんな人材だろうか。長いものに巻かれて、金魚の糞のごとく人についていくだけではこれからの激動の時代には生き残れない。アサーティブでキャリアの自律した人材が求められることは言うまでもない。

②「人生の正午」はキャリア形成の大事なステージだと考えよ

エンプロイアビリティーにも関連してくるのだが、次ページの図表2-4にあるとおり、30代後半から40代後半の10年は「締切りの10年」(Seehy G.)として、キャリア・ゴールを描く大切な時期だと位置づけている。私も自分の経験からこの10年は、組織内キャリアを形成する最も重要な時期だと理解している。

仕事では、会社の全体像を把握し、社内外にネットワークができ、部下もできはじめる。プライベートでは、結婚し、子どもを授かり、マイホームを持つなど、公私ともにとても濃いキャリアを積むことになる。定年までの組織内キャリアをまっとうし、迎えるセカンドキャリア、サードキャリアをイキイキと過ごすためにも、この10年は大事なステージである。

人間は生まれて死ぬまでそれぞれのライフステージがある。「乳児期――児童期――青年期――成人期――中年期――老年期」が一般的に語られている。30代、40代は成人期にあたるが、「人生の正午」と呼ばれる人生の折り返し地点を迎えることになる。

「人生の正午」と形容したのは、心理学者ユングであるが、人生の折り返し地点というと

図表2-4　人生の正午とは何か

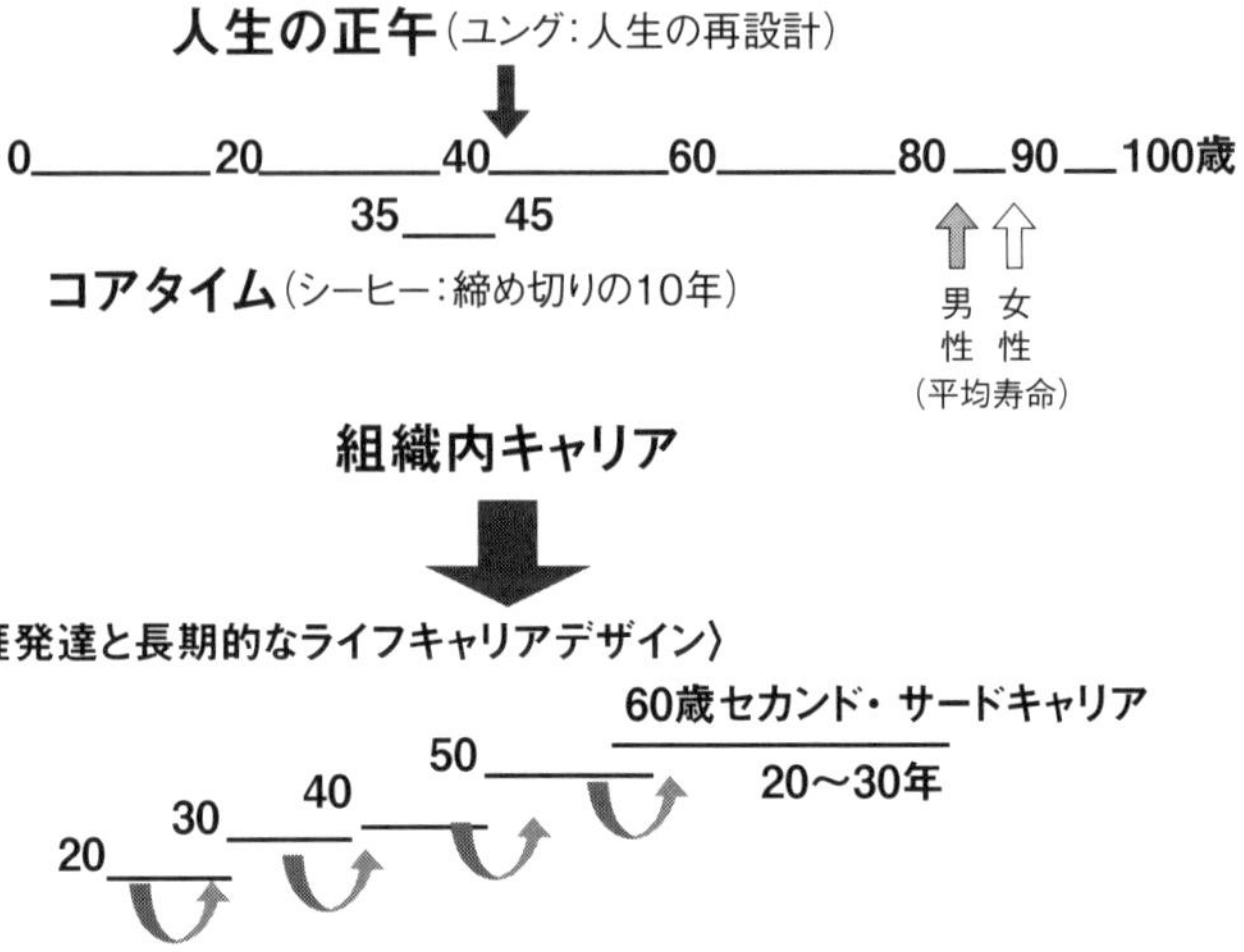

出典　宮城まり子氏授業資料を基に著者作成

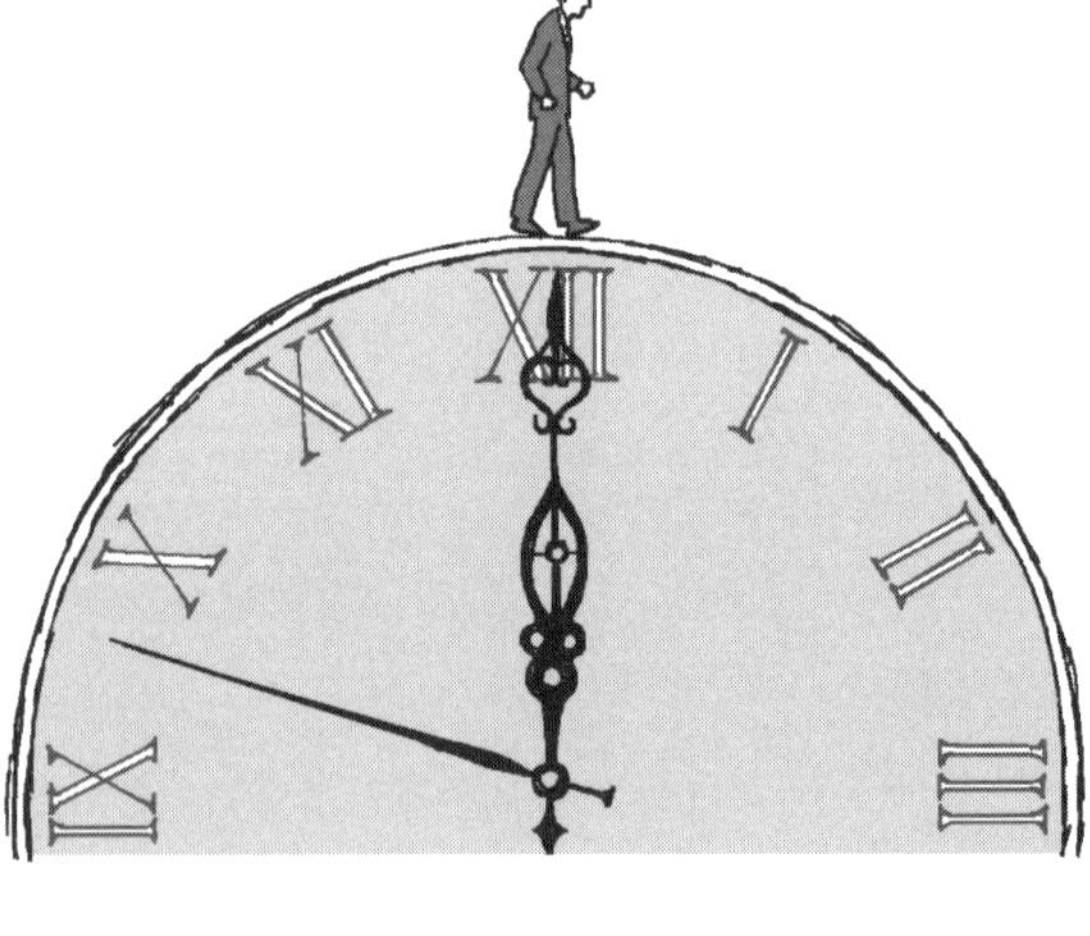

下り坂に入るのかとの印象を抱いてしまうが、ユングの意図はそうではない。日常、午前に昇る太陽の光は勢いがありまぶしいが、その勢いゆえに背景に追いやったものや影になってしまったものも多い。ユングは、

「正午以降の課題は、午前に影だった部分に光があたるなど、全体をしっかり統合していくことだと指摘している」

（金井壽宏氏）

つまり、人として真の個性化は40歳以降に築かれるものであり、人生の統合という意味では2度めのスタートを切る年齢なのだ。

このように30代、40代は、人生のキャリア形成を図るうえで新鮮で刺激的であり、かつ重要なステージである。ここで自らのキャリア形成に手を抜くことは、これからマルチステージに進む中で、後年のキャリアでつまずくことになりかねない。

手を抜くことは、自分のキャリア形成に関してのみではない。この年代になると部下や後輩もできる年代である。マネジメントという枠組みにとらわれず、社会人として、先輩として、公私にわたり活躍の場が増えるわけで、それを大いに楽しんでもらいたい。また、

日々の忙しさも言い訳にせず、職場の部下や後輩の言動にも関心を持って接してはどうだろうか。

「守り」から「攻め」に働き方を転じよ

昭和、平成時代は、日本の労使関係を象徴する三種の神器が残っていた。繰り返しになるが、三種の神器は、「終身雇用、年功序列賃金、企業別労働組合」を指す。企業別労働組合はかろうじて残っているが、あとの二つは、ほぼ崩壊傾向にある。

この変化にともない働き方も変わってきている。変わらなければいけなくなった。かつては三種の神器の傘の下、労働者は暗黙のうちに「守りの雇用保障」と訴えていた。

「経営者に対し、完全雇用を要請する傍らで生産性向上への協力、労働諸条件や賃金向上との取引を行っていた」

（法政大学　藤村博之教授）

だから、長いものに巻かれざるをえなかった時代背景があったことは否定できない。しかし、これからは、「攻めの雇用保障」が求められる。

「経営者が、完全雇用したくなる（手放したくない）『自律した意識とスキルを持った労働者を育成する』ことが求められるし、労働者自らが自己研鑽を積まなければならない」

これが被雇用能力、すなわちエンプロイアビリティーを高めなければならない背景である。働き盛りの30代、40代の働き方が注目される。エンプロイアビリティーを高めることは、他人事ではない。自分の自信になり、プライドも醸成される。

当然、キャリアの自律もできる。職場で堂々とおかしいことはおかしい、ダメなことはダメと明確な意思表示ができる。それが議論に発展することで、職場に「気づき」や「変化」が生まれ、自浄作用が働くようになる。

本章では実際に過去に起きた事例をもとに、不正や不祥事と人の心理の関係についてキャリア理論などを踏まえ、私の意見を紹介した。あなたがいま、大いに苦しみ、迷い悩んでいるとしたら、それは決してマイナスではない。夜が明けない朝はない。

第3章

コンプライアンス違反が起こる理由

「ジャスティス」より「フェアネス」で社内に風を通す

不祥事はなぜ、後を絶たないのか

「不祥事」とよく聞くが、いざ説明しようとするとむずかしい。そこで不祥事の定義を調べてみた。不祥事とは、

「関係者にとって不都合な事件、事柄」（デジタル大辞泉「小学館」）
「好ましくない事件。いまわしい事柄」（大辞林 第三版）

とある。具体的には、「個人や企業・団体などが起こした社会的信用・信頼を失墜するようなできごと・スキャンダルのこと」である。

つまり不祥事は、関係者や当事者にとって好ましくない程度の事件、事柄でしかなく、社会に対し、騒がせたから謝るのであり、悪事を働いたから謝るわけではない。本心から反省していないのだ。だから、対策が中途半端なため企業は懲《こ》りもせず、「不祥事」を繰り返している。

よしもと芸人の闇営業問題で大きな話題になったことは記憶に新しい。闇営業というこ

とは、当該芸人たちに「バレなきゃいい」といった心理が働いたことが透けて見える。

また、某電力会社の役員らが、原子力発電所のある地元の有力者から3億円を超える金品を受け取っていた事実が発覚した。しかも、2006年に遡るという。おそらく当事者は隠し通せると思っていたに違いない。それこそ「赤信号、みんなで渡ればこわくない」心理状況が想像できる。

さらに、かつては「聖職者」と言われた教師が同僚教師をいじめ、子どもにけがを負わせるという信じられない事件が起きた。しかも、報道によると、当該校の校長は教育委員会に虚偽の報告をしていたという。

子どもたちは、いったい誰を信じればいいのだろう。いずれも社会的な認知度も知識レベルも高く、善悪の判断能力のある大人である。あまりに職業倫理に欠ける行為で開いた口が塞がらない。

なぜこうして起きた事実や不祥事を隠そうとするのだろうか。高額な金品を受け取り、私腹を肥やし、人を傷つけておきながら隠蔽しようという行為は看過できない。社会常識では考えられないことで言い訳は通用しない。あなたは、どう感じているのだろうか。

こんな不祥事が後を絶たない現状を思うと、将来に不安を感じてしまう。このように不祥事は個人的に行われるもの、組織的に行われるものと、あらゆる形で起きている。不祥事と聞くとその印象は決してよくない。当然、不祥事を起こした側が故意でやったかのごとく一方的に悪者扱いされることが多い。

しかし、世の中で起きている不祥事は、必ずしも起こした側が悪いケースばかりではない。本人に自覚がないまま、結果として不祥事に巻き込まれるケースも決して少なくないと言えよう。

未必の故意だってある。不祥事は決して許されない。厳しく罰すべきと思う、そういう私たちがいつなんどき不祥事に巻き込まれるかわからない。それが実際に私たちの身近で起きている。身のまわりには気づかないたくさんのリスクがあるということを認識しなければならない。

被害者のはずがいつのまにか加害者に

私の友人の話を紹介しよう。一般のサラリーマンが、事件に巻き込まれ加害者になったという事例だが、こうしたケースは誰にでも起こりうる。

友人のYさんは、誰もが知っている上場企業に勤めていた。当時42歳の管理職だった。3年前から福岡支社でマネージャー職を務めていたが、数日前、東京本社のマネージャーの内示を受け、とても喜んでいた。

そんなある日、Yさんの栄転を祝いたいと部下が「送別会兼激励会」を設けてくれた。一次会は、行きつけの中華料理屋で料理とお酒を堪能した。部下も、久しぶりのお酒でいい気分に酔っていた。

一次会を終えてお店を出たときに、その事件は起きた。二次会をどこにするかで若手の部下が路上で盛り上がっていた。Yさんはその気持ちがうれしく黙って様子を見ていたのだが、そこへ千鳥足の中年男性が叫びながら寄ってくるではないか。

「てめえら、うるせぇ～んだよ。大声出すならどこかへ行け！」

すると、酔った部下の一人が、その中年に対応して叫んでいる。

「なんだと～。このくそオヤジ」

と、向かって行き、一触即発の状態になった。Yさんは上司として2人の間に割って入った。事件でも起こしたら大変だ。自分たちに非があったことを認め、自分の名刺を渡し、丁寧に詫びたのである。それでも、中年がしつこく部下に迫ろうとするので、Yさんはその男性の二の腕をつかみながらなだめた。

ところが、その瞬間、男性は大声で、

「痛い、イタタタタッ！」

とその場にうずくまったのである。それを遠目に見ていた周囲の人が通報したことで、パトカーと救急車が駆けつけた。そして、なんとYさんはその日、留置場で一夜を過ごすはめになったのである。せっかくの送別会が台なしになった。

Yさんが男性の二の腕をつかんだ行為が原因で痛みを訴え、後日病院で診察を受けたところ全治1週間の診断が下った。悪いことにYさんを訴えると言っている。Yさんはケンカの仲裁に入っただけで、ケンカを売ってきたのはこの男性で、自分たちは被害者だと主張した。

しかし、警察からはYさんの取った行為が「暴行罪」として成立する可能性があるとの説明を受けたのである。全身からスーッと血の気が引いた。と同時に、心の中で「こんな理不尽なことがあるか」と、怖さと怒りで震えた。

また、ケンカになりかけたとき、よかれと思い咄嗟《とっさ》に中年男性に名刺を渡したが、このご時世、社会で公になり「懲戒解雇」にならないかと不安でたまらなかった。企業名を汚したことで大事《おおごと》にならないか、自分がよかれと思って行った判断と行動が、まさか留置所で一夜を過ごす事態を招こうとは……。もちろん一睡もできなかった。

結果的には示談で収まり、会社の理解も得られ、ことなきを得たが、栄転前のとんだハプニングであった。後日、Yさんと一献交した。Yさんは、

「ケンカの仲裁に入っただけなのに、気がつけば加害者になっていました。いまでも納得できませんが、受け入れるしかありません。これが現実なんですね……」

としみじみ語っていた。そう、これが現実であり、「あすは我が身」という危機感が必要なのである。

あなたにはこんな経験はないだろうが、自分の意思に反し、被害者のはずがいつの間に加害者にすりかわるのだから本当に怖い世の中だ。この話を紹介したのは、実は、あなたの会社は、意外と捨てたもんじゃないからだ。

あなたにとって自分の会社が有名であろうがなかろうが、たいした問題ではないだろう。日々当たり前に出社し、仕事をする場所だ。社員として勤めているだけで「会社のブランド力」など特に意識したことはないと思う。

むしろ個人的には、不満や不安を抱えているかもしれない。しかし、第三者が企業を見る目、評価の基準は、社員であるあなたのそれとは明らかに異なる。それなりに社会的インパクトのある会社かもしれない。つまり、有事の際には、会社の看板そのものが思わぬ影響力をおよぼすことがあることを忘れてはならない。

不祥事に遭遇したときほど、自分の会社・組織の「看板」の大きさと重さを思い知ることになる。

「不祥事ごとき」で人生を台なしにするな

不祥事を起こしてはいけないことは言うまでもないが、不祥事に巻き込まれてもいけない。あなたには輝かしい将来がある。不祥事ごときで人生を台なしにすることがあってはならない。

数々の不祥事を見てきた経験者として、助言をしておきたいことがある。それは、ビジネスのつき合い以外でむやみやたらに名刺を交換しないことだ。トラブルに巻き込まれそうなときこそ、冷静に「一歩先」を考え、行動することである。

特に、不祥事に巻き込まれた際、「会社名（ブランド）」と「名刺」が重荷になることがある。それは上場企業や魅力的な商品を提供しているブランド企業、地元の老舗企業など名が売れていればいるほど厄介である。

私がサラリーマンの時代は、新年会や忘年会などで酒の勢いで違う会社の社員同士がいざこざを起こしても、それぞれのグループのトップが名刺交換し、「お互い様。喧嘩、両成敗」とにこやかに握手して別れたものだ。ところが、いまは違う。うっかり渡した名刺が、その後どこの誰に渡るかわからない。悪用され、日々の平和な生活がおびやかされる可能性さえある。これも身のまわりに潜在するリスクの一つである。

ブランドイメージの失墜で、お店はやむなく閉店

そう言えば、ブランドイメージの重要性を思い知る事件が起きた。渋谷のコンビニエンスストアで、ネズミが店内を自由奔放に動きまわり、食料品を食いあさる動画がＳＮＳ上で公開された。

もしあなたがこの動画を見たら、あのコンビニで買い物をしようと思うだろうか。おいしそうなおでんだなあ、食べたいなあと思うだろうか。袋詰めのお菓子や容器に入った食料品のダメージは少ない。全部がダメになったわけではない。ビンや缶に入った飲料など影響はほぼないだろう。

しかし、消費者心理は違う。このコンビニエンスストアは、閉店となった。この動画がきっかけで、このお店（チェーン店）のブランドイメージが一気に失墜し、一瞬にして潰れた典型的な事例と言える。

ブランドイメージとはこういうことだ。このケースは人が犯した不祥事とは異なるが、「ネズミテロ」とでも言うべきか、衛生管理の観点ではいろいろと問題が残る。消費者にとって、食料品・飲料を扱う店舗ではあってはならないことで、動画でブランドが市場か

ら放逐《ほうちく》されてしまった。

ビジネスパーソンにとっては、日常の当たり前のこととしか見えていない会社のブランドやロゴマーク、商品、サービスは、外から見ると想像以上に付加価値の高いものがある。消費者は、会社名すなわち「看板」をブランドとして信頼し、そこに勤めることを示す「名刺」により身分が保証され、提供する商品やサービスを信用して購入している。

あなたに課せられた使命は、自社のブランドを守ることであり、さらに高めることである。そのためには、不祥事などでつまづくようなことがあってはならない。他社の不祥事に関する事例などを対岸の火事とせず、自社でも同様なことが起こり得ることを前提に危機管理すべきである。

「当たり前」を疑え、伝えたいことは具体化せよ

「バイトテロ」という不祥事も起きた。コンビニエンスストアのアイスボックスの中やピザ屋のパイ生地の上に寝転がり、居酒屋の食洗用流しを風呂代わりに使う。定食屋の食材をゴミ箱にわざと捨て、それを再利用するなど、信じられない光景がSNS上に流され、事件化した。長年経営してきた居酒屋が、廃業に追い込まれた例もあった。ここまでくる

と、損害賠償云々のレベルの話ではない。

私はこの写真や動画を見て、やっている人間はもちろん、それを笑いながら撮影している人間の心理が理解できなかった。世代間ギャップと言われそうだが、これは犯罪行為にあたる。悪いことは悪い。また、集団心理の特徴とも言えるが、そんな曖昧なことは理由にならない。目の前の行為が明らかに常識を逸脱している行為だと思わないのだろうか。なぜ、まわりは犯罪行為だと気づかないのだろうか。

「そんなこと、やめた方がいいよ」

のひと言が言えないのだろうか。

コンビニエンスストアのオーナーからこんな話を聞いたことがある。

「コンビニエンスストアの経営はアルバイトで成り立っている。オーナーにとっては、1日でも長く働いて定着して欲しい。急に辞めると言われると人の手立てが大変で、何とか引き止めたい。当然、アルバイトの若者に気を使い忖度している」と言う。

時間帯によっては、アルバイトのみで店舗の運営をしていることがある。オーナーにしてみると、彼らの機嫌を損ねたくない。アルバイトの中でアルバイトをまとめるリーダー役を決め、そのリーダーにアルバイトのシフト管理などを一任している。オーナーがやるよりもうまくいくらしい。

オーナーはアルバイトのリーダーに、

「アルバイトの取りまとめは任せる。みんなを盛り上げてやって欲しい」

と告げる。それを聞いたアルバイトリーダーは、いかにすればアルバイトの仲間から注目され、信頼されるかを考える。その結果が、先に紹介した破廉恥行為なのだ。むろん、ごく一部の話である。

「確かに盛り上げてくれと言ったが、まさかあんなことをするとは……想定外だった」

と言う。オーナーが考える「常識や当たり前」と彼らが考える「常識や当たり前」の理解がこんなにも違っていたのだ。しかし、嘆いても後の祭りでしかない。

仕事は「指示」と「確認」をワンセットで考える

これは、コンビニエンスストアでのオーナーとアルバイトの話であるが、実は、この認識や価値観のギャップは企業でも同じように起きている。上司や先輩が、部下や後輩に業務指示を出して意見交換をする際、

「そんなこと常識じゃないか。常識に沿ってやれよ。いいな」

「普通でいいから。どうか普通にやってくれよ。頼むよ」

「当たり前のことを聞くなよ。わかったか」

などと、やり取りをする。すると、部下や後輩は、

「ハイ、わかりました」

と答えて席に戻る。後で指示した仕事のフォローをすると、とんでもない方向に進んでいたり、まったく手つかずの状態だったり、ひどいのは、

「エッ、なんでしたっけ」

と、平然としらばっくれる者もいる。要は、上司や先輩の言っていることが通じていないということになる。これは、部下や後輩だけが悪いのではない。自分の「常識」「普通」「当たり前」が部下・後輩に通じていると勝手に思い込んで、指示しっ放しの上司や先輩にも大きな責任がある。


つまり、あなたの「常識」「普通」「当たり前」と部下や後輩の「常識」「普通」「当たり前」は定義が異なると思ってちょうどいい。彼らの「当たり前」を疑った方がいい。逆に言えば、部下・後輩からすれば、あなたの「当たり前」も疑われているかもしれない。

このギャップを解消するには、部下や後輩に指示した後、その指示をどう理解し、どう行動しようと考えているのか、もう一度確認することだ。とてつもない答えが返ってくるかもしれないが、それでもいい。その時点で再徹底すればすむ話である。また、あなたが彼らにもわかるような表現ができるように、言語化する能力を磨くことも求められる。

ともかく若手を育成するには面倒だし、手間がかかる。しかし、このひと手間をかけることが大事である。なぜならこのやり取りで「face to face」のコミュニケーションが成立し、相互の信頼関係構築のきっかけとなるのだから。

「ジャスティス」より「フェアネス」で考える

1990年代後半から企業の不祥事が続発し、警鐘の意味を込めた「コンプライアンス経営」という言葉が社会に定着した。当時は、「コンプライアンス」とは、法令遵守の意味であった。

しかし、いまやコンプライアンスは、法令を遵守することだけでは足りない。法令遵守は言わずもがなで、社内の経営理念をはじめ、就業規則などの諸ルールに加え、社会常識、企業理念、道徳という領域も含めてコンプライアンスであることを認識しなければならない（図表3-1参照）。

つまり、「社会常識・企業理念・道徳」という領域は、社会が法令というルールのみならず公平・公止さを求めているということを示唆している。

具体的に、最近の企業不祥事を追ってみよう。

図表3-1　コンプライアンスの基本

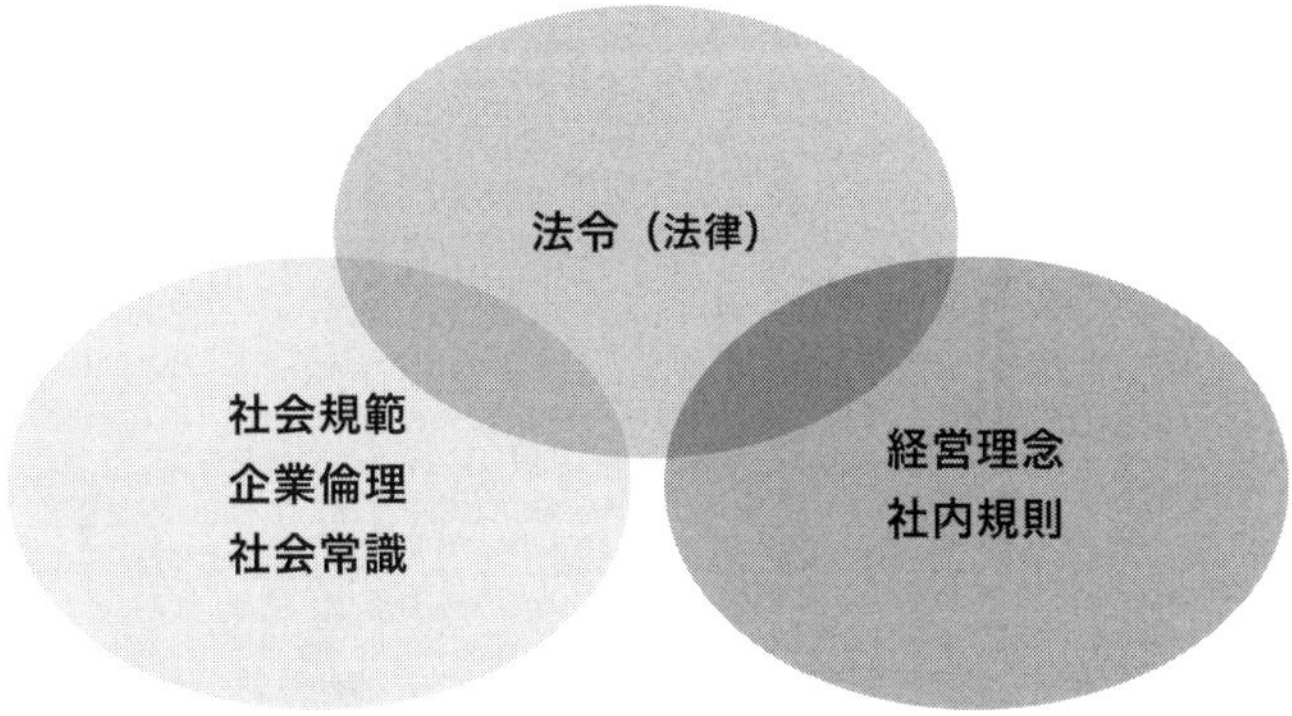

著者作成

当然、法令違反はアウトだが、それ以上に社会の常識を逸脱した言動や態度・姿勢にまで非難を浴びることが多くなっている。2007年の「船場吉兆」賞味期限切れや産地偽装の不祥事は、その典型と言える。

牛肉の産地偽装や偽装表示、さらにはお客様の食べ残しの使いまわしなど許されないことであるが、消費者からすると産地偽装であってもおいしければいいという人もいるだろう。

問題は、謝罪会見である。ささやき女将と批判されたが、その反省の色のない態度、その場を凌《しの》げばいいと思わせるような姿勢、それをまともに受けて答えていた経営者である息子、という構図がそもそも職業倫理に反していると世間には映った。

社会常識では考えられない態度として厳しく糾

弾され、倒産にまで追い込まれることとなった。消費者の眼からは、法令遵守以前の問題で、アンフェアな印象が残ったことは間違いない。

そう言えば、2006年の北海道の食品加工卸業者の「ミートホープ社」もそうだった。内部告発により、豚肉など牛肉以外の肉や内臓肉、水で増量したものを牛ミンチとして売っていたことが発覚した事件である。

ただ、この記者会見では「船場吉兆」とは、少し様子が違った。取締役の長男にうながされ、それまで関与を否定していた社長である父親が関与を認め、それがきっかけで次々と不正が発覚し、その結果、倒産した。

大局から「事実を整理する」力をつけよ

いずれもコンプライアンスの領域が広く深くなったために、職場のマネジメントに少しでも緩みが出ると「職場で眠っていた（隠していた）不祥事」が、内部告発という形で白日の下に晒されるという現実を受け止めなければならない。

そこであなたに紹介したい言葉がある。次のくだりを読んで欲しい。

「大西さん（日本ラグビー故大西鐵之祐氏）から言われた言葉で覚えているのは、ジャスティスよりも前にフェアネス（ルール以前に人として公正であれ）ということ。ルールを守るのは当たり前で、その前にフェアでなくちゃいけない。たとえ話で、目の前に5億円積まれても、反射的に拒否できる人間になれと言われました。……負けるよりも怖いのはアンフェアだという烙印を押されることです。1回や2回の負けはやり直しが利いても、アンフェアだという烙印は一生ついて回る」

これは、某雑誌に掲載されていたインタビュー記事の一部である。答えた人物は、TBSホールディングスの佐々木卓代表取締役社長である。まさに、わが意を得たりであった。この大西さんとは、日本ラグビーの中興の祖であり、昭和43年に日本代表を率い、ニュージーランドのオールブラックスジュニア（23歳以下の代表）を破った闘将監督大西鐵之祐氏である。

余談であるが、佐々木氏は大西監督の下、素人集団の早稲田大学高等学院ラグビー部時代、東京都の数々の強豪チームを撃破し、花園に出場したメンバーで、早稲田大学ラグビー部では劣勢と言われた早明戦で、歴史的勝利を挙げたときの副将である。大西の最後の愛弟子と言われている。

「見つからなければいい」の悪魔のささやきとは戦え

さらに、大西氏のことばを借りることにしよう（スポーツライター　藤島大著『知と熱』より引用）。

「……スポーツのような闘争の場面で何かアンフェアな行動をする前に、『ちょっと待てよ』とブレーキをかけることのできるような人間にする、そういう教育が重要ではないかと考えるのである。

私がスポーツにおける闘争を教育上いちばん重要視するのは、たとえばラグビーでいまこの敵の頭を蹴っていったならば勝てるというような場合、ちょっと待て、それは汚ないことだ、と二律背反の心の葛藤を自分でコントロールできること、これがスポーツの最高の教育的価値ではないかと考えるからである」

ちょうど日本でラグビーワールドカップが開催され、ルールを理解した読者も多いと思う。ラグビーがフェアなスポーツであることを改めて確認できる大会であった。

ビジネスはラグビーのように、「いまこの敵の頭を蹴っていったならば勝てる」というような場面はない。しかし、敵の頭を蹴るという行為は、「見えないところでやってはいけない行為をする」ことで、この点ではビジネス上でもあり得ることである。大西氏が指摘することは、人として大事な倫理観である。

人間は完璧ではない。ミスをし、トラブルも起こす。間違いを犯す。そのうえで、厳しい決断を迫られる場面がある。隠すか開示するか、しらを切るか謝るか、などを判断しなければならない。

しかし、本音は、失敗やミスは隠したい。その場を凌《しの》ぐため、「見つからなければいい」「罰せられなければいい」と、心に潜む悪魔がささやくことがある。できれば、表沙汰にせず内々に収めたい。叱責されたくないから何とかごまかそうとする。それが人間の心理なのだ。それが、関電事件や教師のいじめ事件の結末として見えてくる。

こうしたアンフェアな行為はいずれ必ず発覚するもの。隠そうという心理が起きたところで一呼吸おいて冷静に考える勇気を持って欲しい。隠したことは必ず発覚する。発覚した後のことを考えるべきである。二律背反の心の葛藤を自分でコントロールできる人間になりたいものだ。

「自己完結」はあり得ないということは、すでに述べた。もし、いまやろうとしている反社会的なことや非常識なことが公になったらどうなるのか。犯した事実と隠した事実の二つの責任が問われることになる。このことは肝に銘じたい。日本の仏教用語に「因果応報」という言葉がある。「善因善果」、いいことをすればいい結果が得られる。「悪因悪果」は悪いことは必ずバレて、悪い結果をもたらすことになる。「ジャスティス」よりも「フェアネス」。ルールは大事だ。ルールを守るのは当たり前で、その前に人としてフェアでありたい。

イラッとしたら「ちょっと待てよ」の神の声に耳を傾ける

大西氏が指摘する「ちょっと待てよ」の神の声のおかげで、事なきを得たKさん（大手上場企業、30代の若手管理職の男性）の事例を紹介しよう。Kさんを自分に置き換えて読むとおもしろい。

Kさんは、この4月に管理職になったばかり。社内ではスピード出世である。この日は朝からウキウキしていた。娘の1歳の誕生日を祝うため定時退社し、会社の近くにある有名なケーキ屋で予約したケーキを受け取り、喜び勇んで帰路についた。

最寄りの駅に着いて階段を上がりはじめると、上から初老の男性が勢いよく駆け下りてきた。Kさんがいま降りた電車に乗ろうとしているらしい。上り方向の階段レーンをKさんめがけて駆け下りてくる。明らかに逆走である。Kさんは避けように避けられない状態で、強くぶつかった。明らかに初老の男性がぶつかってきた。手に持っていた大切なケーキが箱の中でつぶれていた。初老の男性も階段に倒れこんだ。

Kさんは怒り狂った。思わず手が出そうになった。殴り倒しても気がすまないほど興奮していた。初老の男性は、一瞬ひるがえったが、我を取り戻し開き直ったように文句を言いながら向かってくる。どちらも引き下がれない状態になった。

夕方の最も混み合う時間帯に、階段の途中でいい大人がケンカしているのだ。通りすがりの人はもちろん、停車中の電車の中からもみんな好奇の目で見ている。しかし、時間の経過とともにKさんは、徐々に冷静さを取り戻した。

「ちょっと待てよ……」と、神の声が聞こえた気がした。

同時にあることが頭をよぎった。

「こんな姿を家族や会社の仲間が見たらどう感じるのだろうか」

「感情に流され暴力事件に発展したら、自分のキャリアはどうなるのだろうか」

「会社のブランドに傷をつけることにならないか」など。

管理職になったばかりで、暴力事件なんて洒落にもならないと気づいた。当然、相手が悪い。自分は決められたルートを普通に歩いていただけなのだ。しかし、相手の素性はさっぱりわからない。ここで意地を張り衝突したところで自分の人生にとって、決してプラスにはならない。

Kさんはいきがる相手をしり目に、雑踏の中に紛れてその場を離れた。悔しくて仕方なかったが、自分の決断は間違っていないと思った。かわいい娘には申し訳ないことをしたが、近所のケーキ屋でケーキを購入しなおし、自宅に帰った。誕生日のお祝いは無事に終わった。ケーキが壊れた経緯を奥さんに話すと、

「パパ、よく我慢したね」

とほめてくれた。

「やっぱり、あのときの判断は間違っていなかったんだ」と、自分をほめてやりたい気持ちになった。

Kさんと会ってこの話を聞いた。ケーキがつぶれたあの瞬間は頭が真っ白になり感情的になっていた。もし、あそこで「ちょっと待て」と神の声が聞こえていなければ、と考えるとぞっとすると言う。間違いなく暴力事件になっていた。家族や仲間の顔、会社の看板が思い浮かび、それが冷静な判断につながったのだそうだ。

「間違った行動」のあとに、その「人」の価値が現れる

最近、気がかりなことがある。車のひき逃げや当て逃げ事件が目立つ。事故を起こした直後は誰でもパニックを起こす。私も経験がある。警察沙汰になり、名前が出て、会社に知られる。まわりから責められるなど、いろいろな不安がよぎるものだ。できることなら「この場から逃げたい」という心境になることは当然であろう。

しかし、その場を離れる際に目の前の惨状が目に映るはず。そこには、傷ついた人が横たわり、破壊された部品などが散乱している。「ちょっと待て！　このまま逃げて平気なのか」と、神の声がささやくか否かで対応が変わる。相手の立場で、どう対処すべきを考えてみるべきだ。

さらに、理解しがたいことがある。夜中に商店街のシャッターや民家の塀に塗料スプレーガンによる落書きだ。これほど卑劣な行為はない。誰も見ていないところで、見つからなければ、バレなければいいという心理を反映した典型的悪行だ。芸術だと胸を張るなら、店主に堂々と実力をアピールし、許可をとればいい。いずれのケースも、人としての「品格」が問われる行為である。

いずれ真実は明らかになる

ともかく、起こしてしまったことは仕方ない。誰だって間違いを犯すことはある。そのときは、腹を括るよりほかない。自分がやってしまったことなのだから責任を取ることは当たり前だ。何度も言う。逃げたら「人をひいた」事実と「逃げた」事実が重なるということを忘れてはならない。

わたしが子どもの頃、買ってもらったばかりの自転車を壊してしまったことがある。貧乏だったので、なけなしのお金で買ってくれたことは子どもながらにわかっていた。だからこそ、親に見つからないようにこっそり裏庭に隠した。当然見つかり、親父から大目玉を食らった。そのとき、慰めてくれた祖母の言葉が忘れられない。

「悪いことをしたら必ず謝りなさい。そうすれば1回叱られて終わるから。隠したり逃げたりしたら、もう1回多く叱られるんだよ」

「なるほどな」

説得力があった。ビジネスの世界には、たくさんの法律や規則・ルールがある。これらを犯すとペナルティーを受ける。これは仕方ないことで受け容れるよりほかない。

大事なことは、同じペナルティーを繰り返さないこと。規律を守ることは、組織人としては非常に大事なことだ。ここそこ隠したりごまかしたりしても、いずれ真実は明らかになる。一度は謝ろう。しかし、二度謝る嘘はつかないことだ。

経営者や上司を「裸の王様」にしていないか

これまで企業不祥事により社会を揺るがす事件は、数々発生している。そのたびに、経営陣が謝罪会見でマスコミにたたかれ、深々と頭を下げる光景は眼に焼きついている。過去には記者の誘導質問に引っかかり、「知りませんでした」と堂々と答え、退陣するハメになった社長もいた。

さらに、何度も同じような不祥事を繰り返し、最初に謝罪したことも含めて、「嘘で固めた謝罪会見」などと揶揄され、ますますダークな企業イメージとなり、ブランド復活に何年もかかった企業があった。企業も個人も同様で、不祥事を起こしたときは、事実関係を明らかにし、原因、対策、原状復帰など、とことん掘り下げ明確にしたうえで社会に謝罪すべきである。

会見で「ただいま原因は調査中」だとか「詳細は改めて発表する」などと、その場を凌ごうとする場面を見ることがある。これはマスコミの格好の餌食となる。各紙各様の切り口で憶測記事を書かれ、ダークに加え、ダーティーなイメージがすりこまれることになる。

一方、企業不祥事は、どんな事件であれ、経営者の責任は免れることはできないが、果たしてすべてが経営者の責任なのだろうか。私自身が不祥事の渦中にいて感じたことは、経営者だけの責任で終わらせてはならないということ。管理職はじめ、社員にも責任の一端があると考える。

それは、経営者に職場で起きている本当の情報が届いていないということだ。悪い情報には蓋をし、ネガティブ情報はフィルターにかけ、泥水が真水のごとく見えるように工夫をしてはいないか。情報操作をしてはいないか。みんなで経営者を「裸の王様」にしてしまっている。

むろん、経営者自身の資質の問題もある。しかし、経営者の周囲には、取締役や監査役がいる。社外取締役も、社外の監査法人もいる。現場を司る管理職も大勢いる。大手企業には、法務部、リスクマネジメント室をはじめ、労働組合も存在するではないか。これらが機能していないのであればそれこそが重大な問題だ。あなたの会社の経営トップは、きちんと服を着ているだろうか。

話は横道にそれるが、あえて触れておきたい。経営の透明性を高めるために、「社外取締役を増やした」という記事をよく目にする。

しかし、本当にそれで効果があるのだろうか。経営に都合の悪いことをさらけ出され、アレコレ突つかれることを嫌う経営者は、本来の経営情報を隠すことだって考えられる。いま、問われているのは社外取締役の数ではなく質であり、現場を司る部門責任者と信頼関係である。社外取締役を活用するのは経営者ではなく、現場実務を司るあなただと思う。

会社が好きならば「暴走を止める」一歩を踏み出せ

会社組織には厳格な規則・ルール、マニュアルがあり、多くの階層がある。その分、職場の問題も多くある。職場の問題を改善するため通報するにはいちいち手続きを踏まなければならず、直接の上司を無視してはできないなど障壁が多くある。

しかし、これらは問題があることをわかっていながら何もしない人が、自分が「動かない（行動しない）」ことを正当化した言い訳でしかないように感じる。本当に、あなたが「会社が好き」で「商品・サービス」に愛着を感じ、「仲間」が大事ならば、当事者意識を持ち、こんな言い訳をするより先に行動を起こすエネルギーは出てくるはずだ。「Bad News First (Fast)」の精神である。

経営陣が発揮するリーダーシップに対し、あなたはそれを受容し、行動する側である、社員のフォロワーシップのあり方にも問題があると指摘したい。経営者を取り巻くあらゆる立場の人が、本来の職責・使命を果たしていれば、経営者の行動・言動に異変や変化を感じるはず。そのときに、経営者の暴走を止める、方向転換を図るのは、あなたたちの役割でもある。

　こう言うとたいてい、「私は一社員ですから」「若手が言っても何も変わらない」と、言い訳が聞こえてくる。たとえ一社員であろうが、若手社員であろうがおかしいと感じたことをおかしいと意見できる場は必ずある。

　たとえば、職場でのミーティングなど日常発言できる場面はたくさんある。それがむずかしいのであれば、社内の制度やシステムを利用すればいい。労働組合に相談するのもいいだろう。「社員相談室」や「ホットライン」（ｗｅｂサイト）だって整備されている。この先何十年もあなたたちが過

図表3-2　「社員相談室」「ホットライン」などの相談先

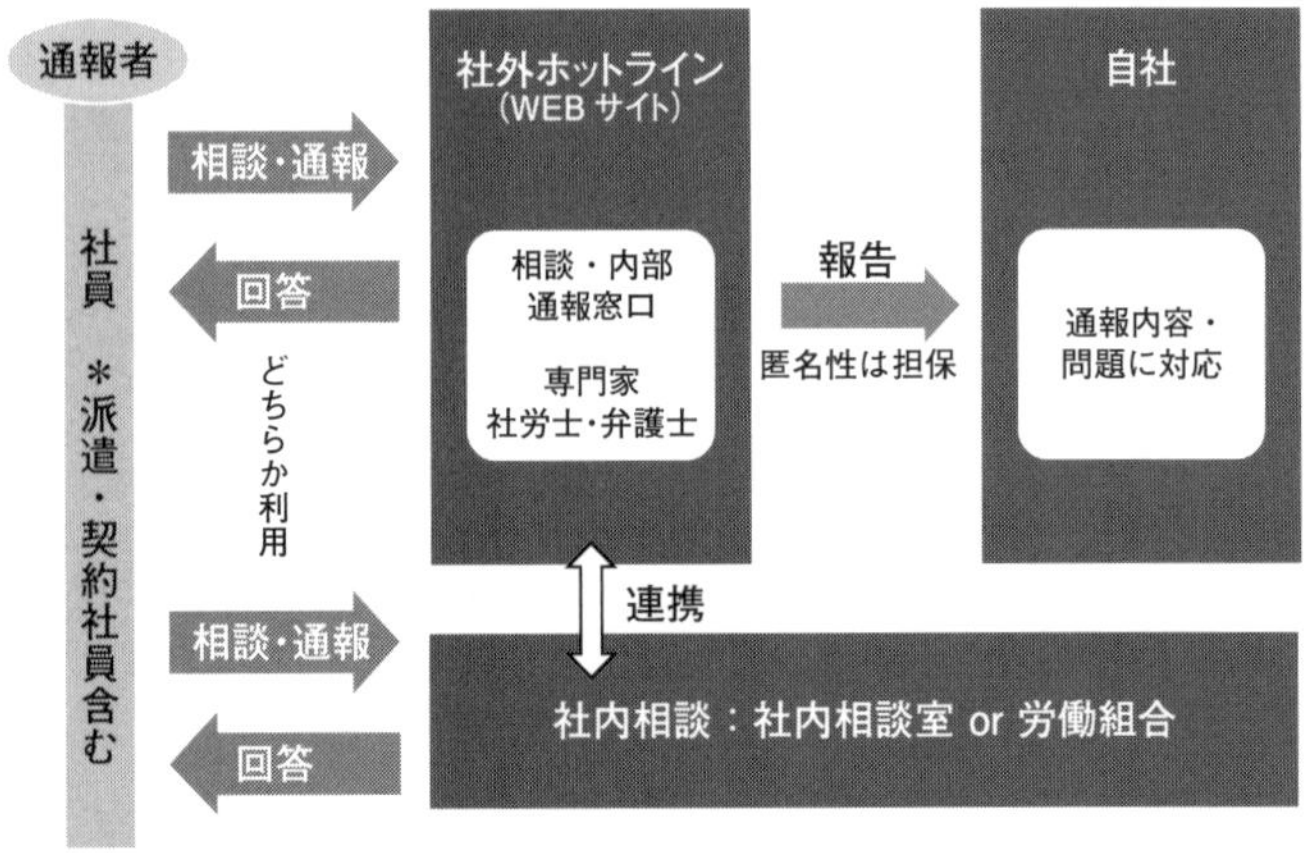

著者作成

ごす職場である。働きやすい職場をつくることは、一人ひとりに課せられた使命である。その改革を諦めるなら、いまの不自由な職場を嘆いてはいけない。甘受するよりほかないのだ。

一方で、こんな声もある。「いくら下から問題提起をしても上に無視されたらそれまで」だと。確かに、これも現実である。これはすでに触れたが、マスコミでも取り上げられた某自動車メーカーの燃費不正問題の事例である。

事件が公になる前に、当時の新入社員が当該部門の部長同席の下で、プレゼンテーションを行う機会があった。そこで「この燃費データに関する不正行為をやめる」ように提言したという。

しかし、事件後の特別調査委員会の報告書で明らかになったことは、この提言を幹部が放置していたという事実であった。これは、部長だけの責任ではない。出席者全員の当事者意識の低さに問題がある。出席者全員のこうした不正に鈍感な企業風土や体質は変えていかなければならない。

その原動力は、あなたたちである。役職のついた高齢管理職に変革を求めても「総論賛成、各論反対」という現状維持の構図しか見えてこない。

闘将大西が言う「ルール以前に人として公正であれ」が、あなた自身、あなたの部下や後輩の心の隅に宿れば、相手が誰であろうが、自分の意見・考えをぶつけることができるだろう。

自分を育ててくれた大好きな会社や組織の問題は放置しない。人生に多大な影響を与える職場環境を変える努力をすることに躊躇《ちゅうちょ》してはならない。社員一人ひとりが、イエスはイエス、ノーはノーと言える職場が自浄能力を持つ健全な職場と言える。この覚悟と行動が、上司や経営者を「裸の王様」にしない原動力となる。

不祥事を起こしてはならないが、不祥事が起きた際の記者会見で、経営トップが「知りませんでした」「聞いていませんでした」と発言をしたとしたら、その会社は、職場のコミュニケーション・パイプが詰まっている会社だとレッテルを貼られることになるだろう。

「社内調整ができない内部告発」と「できる内部通報」

コミュニケーション・パイプが詰まれば掃除をするしかない。大きな組織になればなるほど、大胆な掃除が必要になってくる。しかし、一社員、一管理職ができることは限られている。そこで、この大掃除のために生まれたのが「公益通報者保護制度」である。

この法律ができるきっかけになった事件が、２０００年以降相次いで起きた。正確には、相次いで発覚したと言うべきだろう。食の安全など、国民生活の安全を脅かす企業の不祥事が、企業内部からの告発がきっかけとなって表に出た。具体的には、自動車のリコール隠しや事故の隠蔽、食肉偽装などの不祥事である。

この法律は、企業の法令違反行為を、企業に働く労働者が内部告発した結果、告発した労働者が働くうえで不利益を被ることがないよう、企業経営の健全性（コンプライアンス経営）を高めるために、2006年4月に施行されたものである。これを「公益通報者保護法」と呼ぶ。やむを得ない事情で、内部告発をすることになった人を守るための法律と言っていい。

最近、「内部告発」や「内部通報」という言葉をよく見聞きするが、内部告発と内部通報の違いを理解しているだろうか。実は、似て非なるものなのである。

『経営倫理用語辞典』には、次のように説明されている。

「内部告発」とは、企業など組織の一員が、組織内における法令違反、不祥事、社会に害を与えるような違法行為や不正行為などを中止させるために、行政・司法機関、消費者団体、マスメディアなど外部に対して自発的に情報を通報することである。

「内部通報制度」とは、企業や各種組織において、社員・職員などが、法令違反、規則違反などさまざまな不正行為や疑問などを組織内部の窓口に対して、匿名または実名で相談・照会、通報することを目的とした特別な通報制度である。

このように明確な違いがある。それは、内部通報は組織内部で行われるものであり、相談や質問も含まれ組織としての内部コントロールが可能であること。一方で、内部告発は、組織外の機関・団体に対し定性的不正の事実を訴えるものであり、内部でコントロールすることは不可能であるということだ。

社内の「自浄作用」のスイッチをオンにせよ

内部コントロールとは、そのことを隠すことではなく、内部告発として外部に出る前に、組織内できちんと膿を出し、改善すべきはするという自浄作用の意味である。

内部告発に関する事例は、有名な「トナミ運輸」事件がある。詳細な説明は割愛するが、当時、20代後半の社員が業者間の「闇カルテル」の事実と是正を上司や役員に直訴した。しかし、受け容れてもらえなかったためメディアに告発した事件である。それが原因で、30年以上にわたり会社からあらゆる嫌がらせを受けたが、定年退職まで在職したというから凄い。

誤解があってはならないが、決して内部告発を奨励しているのではない。内部告発は最後の手段であり、内部告発をする必要のない職場をつくりたい。そのためには、上下左右の風通しのいいコミュニケーションができることが不可欠である。

ここはあなたたち30代、40代の世代の出番である。

いま次々と内部告発によって、企業不祥事が白日の下に晒されている。内部告発という形でないと企業内の不祥事が公にならない企業体質なのであろう。ここは憂慮するところだが、これでは「わが社には、自浄作用がない」ということを世間にアピールしているようなものでもある。

「本人の無自覚な行動」が内部通報されて出向に

内部通報をされて懲戒処分を受けた40代男性Aさん（当時マネージャー）の例を紹介しよう。Aマネージャーは、仕事や仲間に対して常に正面から向き合い、社内では「熱い男」で通っていた。

当時、購買部門のマネージャー（管理職）であった。業務は繁忙を極め、正社員だけではとても消化しきれないほどの日々が続いていた。社員のモチベーションは下がり気味であった。彼はこの実情を訴え、何とか契約社員2名（女性）を戦力として補強することができた。

しかし、想定外の問題が起きた。職場には、正社員の女性3名と契約社員2名の女性社員がいたが、立場や処遇が異なることもあり、コミュニケーションがどうもうまくいかない。Aさんは日に日に、その関係が悪化していることを気にかけていた。

そこで女性同士の交流の場を設けようと、週末の定時退社日を利用して、この女性5名と、Aマネージャーの部下であるK主任（男性）を誘い、食事会を行うことにした。この5名の女性社員がコミュニケーションを図らないと仕事が進まない。最初は、女性全員が難色を示したが、彼の熱意で何とか実現した。もちろん、Aマネージャーのポケットマネーでもてなした。

一次会の居酒屋では、女性同士の会話が弾み打ち解けた雰囲気になった。特に、正社員、契約社員それぞれに結婚したばかりの社員がいて、共通した話題で意気投合するなど、Aマネージャーの思惑は当たり、内心ホッとした。一次会が終了する寸前、女性たちはご機嫌な様子で、

「マネージャー、みんなでカラオケ行きましょう」

と誘ってきたのである。うれしい想定外の誘いだった。ここで断る手はない。一次会は

Aマネージャーも様子見で緊張していて、女性社員とほとんど話す機会がなかったので、即OKの返事をした。

場所をカラオケボックスに移した。Aマネージャーはようやく肩の力が抜け、一次会で抑えていたお酒を続けざまに飲み、ほろ酔い気分で得意の曲を披露した。二次会はとっても盛り上がったのだが、事件はそこで起きた。

Aマネージャーはすっかり酔っ払い、新婚女性2人に新婚生活を根ほり葉ほり聞きはじめた。これには、女性たちから何度もNGサインが出た。しかし、もはや酒の力でコントロールが利かなくなっていた。翌朝、記憶は明らかに飛んでいた。

「セクハラされた」と悲痛な女性社員からの訴え

週が明け月曜日の朝のこと、出勤すると部長から呼ばれた。

「Aさん、先週金曜日は女性社員を連れて飲みに行ったらしいね。どうだった？」

「えっ？　部長、なぜご存じなのですか」

「……」

部長は無言だった。

「それはすごく盛り上がりましたよ。これで、女性たちの結束力が強くなります」

自信満々に答えた。すると、想像もしない発言があった。

「実は今朝、社内の相談室から連絡があってね。その女性社員たちが君からセクハラを受けた、と訴えがあったそうだ。困ったよ」

Aさんはただただ驚いた。いろいろ言いたいことはあったが、いかんせん記憶がない。部長からあるメモを見せられ、我に返った。そこには、自分が発したと思われる会話の全容が記されていた。発言した時間と経過まで書いてあった。言葉によるセクハラで内部通報されたのである。酒を飲んで記憶がないと言ったものの当然、聞き入れられることはなかった。

会社のこと、職場のことを思い、自腹を切ってまで女性たちの一体感を図ろうとした結果が、セクハラで訴えられるという最悪の結末になった。まさに想定外の展開である。「厳重注意」を受け、翌年の4月からグループ会社への出向となった。気の毒な事例であるが、一度、口にした言葉は消えることはない。

第4章

「正しいことを正しい」と言える職場をつくる

形骸化したルールや規則なら見直せばいい

「自分」も「相手」も大切にした自己表現法を身につけよ

第3章では、「社内の風通しをよくするためには、どうしたいいのか」、課題解決には職場内のコミュニケーションが不可欠であることについて強調した。

コミュニケーションの必要性については、誰もが理解している。しかし、現実は世代間格差もあり、直接、年上の人たちとコミュニケーションを取ることを苦手とする若者も増えている。Z世代と言われる若者はその代表であろう。

いつの時代も「いまの若い者は何を考えているかよくわからない」の繰り返しではあるが、特に最近は、ITやAIの導入もあり、職場のコミュニケーションに関わる課題は深刻化している。

通信技術の発展、AIや各種ロボットのビジネスへの急速な普及で、用があるときに、いちいち同じ場所に集まり、顔をつき合わせなくても話し合いができるようになった。また、パソコンやタブレットをそれぞれ1台以上持ち、メールやラインなどで連絡が24時間とれるようになり、改めて電話をする必要もなくなってきている。

まわりの人に話しかけるときに、時間、場所、タイミングなどをいちいち考えなくてすむし、言葉にしなくても要件を伝える術がたくさんある。便利ではあるものの、一方で、こうした時代の変化のせいもあるのだろうか、「自己主張が上手にできない」人が増えたように感じる。

自己主張と聞くと、私は反射的に「アサーション」という言葉を思い浮かべる。アサーションについてはすでに解説したとおりで、簡潔に述べる。アサーティブな対応が苦手な若者が増えていくということは、職場の中で起きている「おかしいこと」を指摘できる人が少なくなることにつながるという不安を抱く。

3つのタイプに分かれるアサーション

アサーションに関し、学術的な背景でわかりやすい理論（近畿大学　松山一紀教授）がある。一般的に社員をタイプ別に整理すると、

①プロアクティブ型――自分なりの考えや意見を持ち、相手が誰であろうが積極的に行動することができる。アグレッシブな自己表現ができるタイプである。

②能動的忠実型――上司の指示命令にはしたがう忠実性を持ちつつ、自らどう行動するかを選択するアサーティブな自己表現ができるタイプである。

③受動的忠実型――上司からの指示・命令に何のためらいも葛藤もなく受容する非主張

的な自己表現をするタイプである。

「プロアクティブ型」と「受動的忠実型」は、自分の主義・主張を第三者に伝えることができるが、「プロアクティブ型」は、自分中心になり、攻撃的になるところがある。「受動的忠実型」は長いものに巻かれやすく、アサーティブな対応ができないイエスマン・タイプである。

このタイプの人が職場に多くいると、自浄作用は働かないことが想定できる。果たしてあなたはどのタイプか？　また、職場には、どのタイプが多いのだろうか。それによって職場のコミュニケーションの特徴がわかる。

会社・組織には多くの仲間がいる。いろいろなタイプの人がいる。ダイバーシティーに代表されるように価値観も多様だ。だからこそ、お互いの個性を尊重し合い、自分たちの会社や職場を守り、明るく働きやすくするために、「おかしいことはおかしいと言おう」と、働きかけることができる「アサーティブな社員（能動的忠実型）」が求められる。あなたにはそんな社員になって欲しい。

社員相互で牽制機能が働く職場が実現するということは、どんなことでも話し合いをし、受容し合うことができる。それが職場に巣くう、「不祥事の芽」を一掃することに寄与することになる。

「働き方改革」がコミュケーションを阻む⁉

アサーティブなコミュニケーションの重要性は頭では理解できても、社員の誰もができることではない。アサーティブな対応をするためには、自分の意見を頭の中で整理し、なおかつ相手にわかりやすく、相手を傷つけない言い方をしなければならない。

こんな対応ができる社員はなかなかいない。まして、相手が先輩や上司であれば自分の意見を伝えることは、とてもむずかしい。だからと言って、何もしなくていいということではない。どうすればアサーティブな対応ができるようになるのかを考える必要がある。

まずは、自分に自信を持つことが大切である。自信のない人が、人に意見を言うことは不可能だ。自信を持つためには、自分を肯定できるような体験が必要になってくる。それが成功体験だと思う。小さくてもいいので、立てた目標をクリアすることが必要である。あるいは、たとえ失敗談であっても、それを乗り越えた体験はキャリアアップにつながるもので重要である。

こうした体験を、先輩なり上司に認めてもらうことで、自分の存在意義を実感し、自分を肯定できるようになる。要は、自分が自分のことを好きになることが一番だと思う。これが自己肯定感の向上につながる。

そのうえで日ごろから意識していろいろな人と接し、コミュニケーションをとることは大切である。一朝一夕にアサーティブな対応などできるようにはならない。コミュニケーションは職場で日々トレーニングを積んで慣れるよりほかないが、いまこのコミュニケーションをトレーニングする視点から見ると大きく厚い壁が立ち塞がりつつある。それが「働き方改革」である。

2019年4月に「働き方改革関連法」が施行され、どの企業も「働き方改革」真っ只中である。時短勤務をはじめテレワーク、フレックスタイムの導入などで時間や場所にとられない働き方ができるようになった。これまでの長時間労働やサービス残業などが横行してきた時代を考えれば、働く者にとってこれほどありがたいことはない。

「ムダ」を省いても「会話の場」は省かないことが大切

一方で、働き方改革推進の陰で弊害が生じている。働き方改革は1人当たりの労働生産性をアップするために、ムダを省いた合理的な働き方を推進する面もあるからだ。

その象徴は「face to face」のコミュニケーションの場が明らかに減っていることだ。企業によっては、メールから社内チャットを導入し、コミュニケーションアップを図るなど創意工夫も行っているが、残念ながらそれにも限界がある。直接、相手の顔色や心の動きなどの小さな反応をみながら対話することで、相互理解が進む。チャットだと、要件は伝わるが、お互いの心理状況などは把握しにくい。

さらに、拍車をかけるのが、ＯＪＴ（On the Job Training：職場内教育）ができなくなっている現状である。かつては多くの企業で新入社員に対し、ＯＪＴを通じての個別指導がなされた。就業規則や社会人としてのマナー、社会常識はもとより業務上の知識に加えコミュニケーションスキルなどもみっちり教わることができた。

ところが、いまは「働き方改革」推進の下、ＯＪＴの時間さえも確保できなくなっている。個別指導がやりづらくなってきたのである。これでは企業倫理やコンプライアンスはもとより人材育成のためのコミュニケーションが根づかないのは必然である。社員の帰属意識の醸成にも問題を残すことになってしまった。

いずれにしても、働き方改革が進めば進むほど、一方で30代、40代のあなたへのしわ寄せがくることは間違いないだろう。それは、業務指導もさることながら、職場マナーや職業倫理の指導をいちいちしなくてはならなくなる。それだけではない。マネジメントの基本として、日ごろから部下や後輩の様子を把握しなければならないが、そもそも接する機会が減ってくるわけで、自ずと相手のことを知ろうと思ってもそうした場が少なければ限界がある。

職場の活性化は、「働き方改革」が示す働きやすい職場環境への取り組みとコミュニケーションの質が高まって初めて可能になるが、職場の現状と相反しないか不安を抱くのは私だけであろうか。

「メラビアンの法則」からわかる非言語の重要性

対話が減ったということは、とても深刻なことである。職場の人間関係構築には明らかにマイナス要素となる。人は、直接対話することで言葉以外のコミュニケーションを交わすことができる。それをノンバーバル（非言語）コミュニケーションというが、言語以外の表情・声・態度や姿勢などから相手の気持ちを読み取ることができる。

たとえば、返事は「ハイ」と答えるのだが、その表情が暗い。態度が悪い。そうすると本当に理解していないかもしれない、と疑うだろう。その場合は、もう少し時間をかけて丁寧に説明しなければならないと考える。こうして相手との関係性を深めていくことができる。

顔を見ずに、声を聴かずに相手の心の変化は読み取れない。正直な思いや本音は把握しにくい。そのことを裏づける理論がある。「メラビアンの法則」だ。これは、心理学者のアルバート・メラビアン（米ＵＣＬＡ）が提唱した概念である（図表４－１参照）。

人の心の変化は表情や声でつかめ

メラビアンは、話し手が「言語情報」「聴覚情報」「視覚情報」について、それぞれが矛盾した情報を発した際、果たして聞き手がどの情報を優先するのかについて、実験を行った。

つまり、「話の内容」「声の大きさ、トーンや話し方」「表情や態度・しぐさ」などに矛

図表4-1　メラビアンの法則

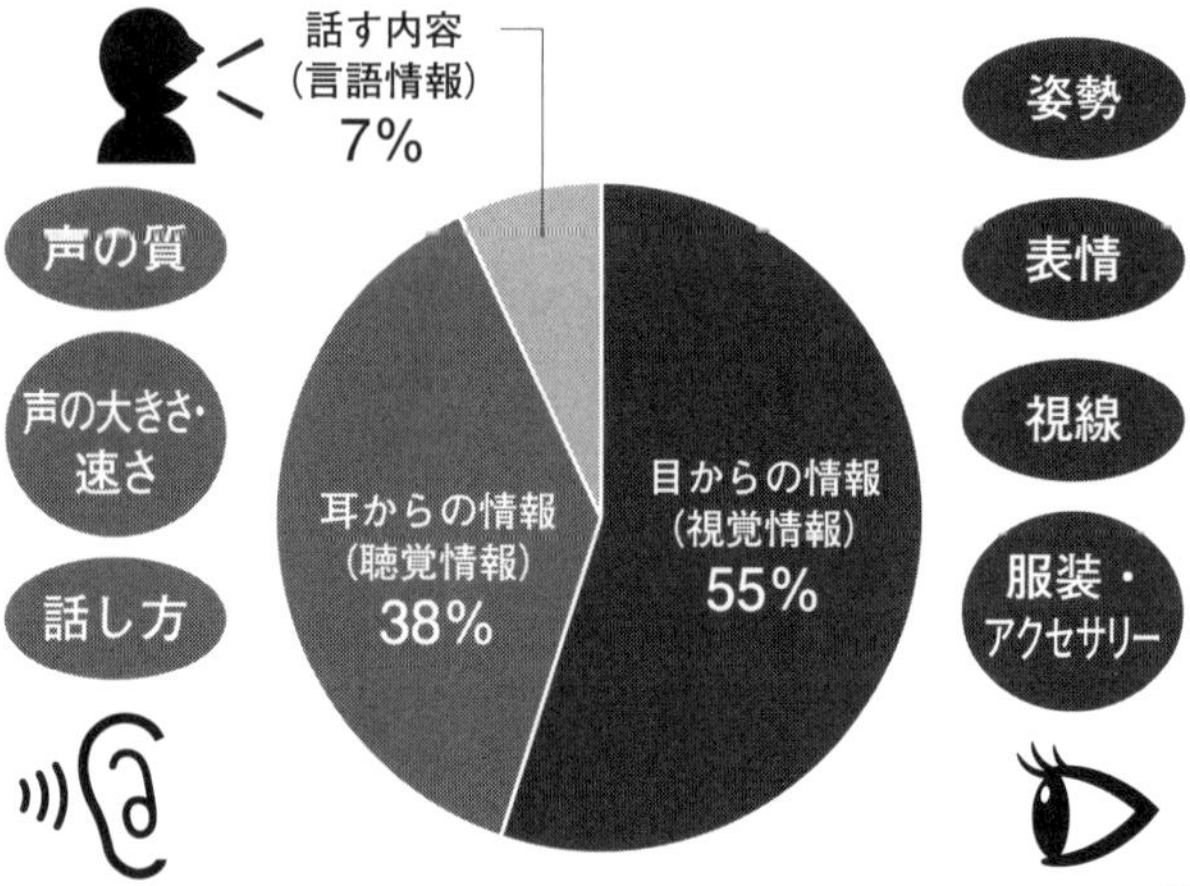

著者作成

盾が生じているとき、聞き手は何を優先にし、どう受け取るのかということだ。

図表4-1にあるとおり、55%が視覚情報(Visual：姿勢・表情・視線・しぐさなど)を優先し、38%が聴覚情報(Vocal：声の質、大きさ、話し方など)を優先し、7%が言語情報(Verbal：話の内容、言葉の意味など)を優先しているという結果が示されている。

この例は部下に指示や依頼をし、返事は「ハイ」と言っているが、どうも表情が暗く視線をそらし、ため息をつくなどの場合がある。こんなときは、「表情が暗いけど何か言いたいことがあるんじゃないの?」「都合の悪いことがあるなら正直に言っていいんだよ」などとこちらから声をかけ、相手が話しやすい雰囲気をつくることが重要である。

特に、直接コミュニケーションを取ることが苦手な若者が増えてきている中で、なかなか本音を引き出すことができなくなった。だからこそ「face to face」による対話の機会を大切にして欲しい。たとえ「ハイ」と返事をしても、その場をスルーしないことだ。相手の表情や態度を注視すると微妙な変化に気づく。そのときが若者の本音を引き出す最大のチャンスである。

人の心は正直だ。心の変化が表情や態度、服装・髪型などに現れる。少し古いが、茶髪やリーゼント、ピアスに腰パン（ズボンを腰まで下げて履くこと）などがそうだ。これは自己主張が苦手な若者が、態度・服装で自分の心の内を語っていたのである。

あなたは日々、どういう形で部下や後輩たちの気持ちや価値観を把握しているのだろうか。便利なデジタル社会の中でのアナログな活動は面倒だし、手間もかかる。しかし、時代がどう変わろうとも、こうして人と人が直接、対話することほどお互いをわかり合える方法はない。デジタル社会だからこそ、アナログ活動にこだわって欲しい。

なぜ、企業は不祥事を繰り返すのか？

企業は好き好んで不祥事を起こしているわけではないが、何度も同じような不祥事を繰返し起こしている企業が存在する。その背景には、どんな要因が潜在しているのだろうか。

かつて、企業が起こした不祥事の内容を分析し、不祥事が起きた背景、当時の社内事情を整理し、調査したことがある。

それを人間の「健康診断」風（図表4―2）にまとめてみたが、ひと言で言うと、情報共有不足やコミュニケーション不足が元凶で、風通しが悪い職場の様子が想像できる。あなたの職場では、こんな症状は起きていないだろうか。チェックしてみて欲しい。

代表的な症状について解説を加えると、①の例では、経営幹部の会議で、社長が最終決断を下したことが部門内には周知されないという面従腹背《めんじゅうふくはい》の姿勢が指摘されている。

さらに⑬の目の前のことをおかしいことを指摘できないという項目では、職場でのセクハラまがいの行為や発言をはじめ、社内での官々接待など、見て見ぬ振りをする風潮があったとされる。これらは悪いこととわかっていても村意識が強く、波風を立てたくないということが原因だったり、原因がわかっているものの解決策をとらずズルズルと放置していたことが、社内の風通しを悪くしていることがうかがえる。

居心地の悪さを感じる社員が増えたときが要注意

自分が正しいと思うことを言葉にできないとか、気軽に感じたことをまわりの人に話す

図表4-2　企業の健康診断

✓		具体的症状（社内の実情）	診断結果（疾病名）
	①	本音と建前の使い分けばかりで何も決まらない。決まっても実施しない。	「会して議せず議して行わず」症候群
	②	明るい話題が少なく職場のあいさつがない。社員のモチベーションが低下している。	士気低下症
	③	激動の世にあって経営陣・社員の危機感がない。	危機感欠乏症
	④	会社や自社商品に対し、誇りと自信がない。会社への不信・不満が増幅している。	自信喪失症
	⑤	経営理念、ビジョン・ミッションなどが不明確で経営の意思決定・実行の決断が遅い。	方向感覚麻痺症
	⑥	積極性・主体性のある社員が減り「指示待ち社員」が増幅している。	指示待ち病
	⑦	役員、社員が「内向き上位志向」で仕事をしている。	ヒラメ病
	⑧	「村意識」が強く、「タコつぼ文化」が醸成。社内の常識が社会の非常識となっている。	集団浅慮病
	⑨	情報の共有化、部門内外のコミュニケーションが不十分。	血流不全
	⑩	信賞必罰が曖昧で、けじめがない。	無秩序症
	⑪	問題が起きるとすべて他者のせいにする。自浄作用が働かない。	他責症候群
	⑫	他者に頼るコトが多く、「くれない族」が増加。	他者依存症
	⑬	目の前のおかしいことを指摘する勇気がない。	当事者意識欠乏症

著者作成

のを遠慮してしまう、そもそも身のまわりで起こっていることを深く考えないからと言って、今日、明日と社内の雰囲気が急に悪くなるわけではない。

ジワジワと居心地の悪い環境に変化していくものだ。こうした居心地の悪さを働く人たちが一人、二人と感じはじめたとき、不祥事は起こりやすくなる。不祥事の根っこには、企業理念が不明確で組織を構成する社員・経営者の血の通うコミュニケーションが欠けていることが要因とされることが多い（図表4-3）。

あなたの身のまわりにこのような症状が現れた場合、いち早く対処しなければならない。いや、症状が現れた段階では遅いかもしれないと肝に銘じて、日頃から取り組むことが必要だ。

「これぐらいは許される」が、コンプライアンス違反を招く

症状が現れた段階で、現場の最前線では何らかの不祥事、コンプライアンス違反が起きていると思ってていい。コンプライアンスは法令を遵守することだけではないことはすでに説明した。

ただ法令違反ではないが、職場の活性化を阻むような状況が起きている以上、速やかに

図表4-3　「経営理念」と「社員の活力」の関係

経営理念には、経営の基盤として社員がバラバラにならないように束ね、価値観を共有するコミュニケーションがある。その結果、経営判断の軸がぶれず、社員のパフォーマンスが安定し成果を上げる

対処する風土・文化が必要であることは言うまでもない。

この風土や文化は、長い歴史の中で、経営者や社員の日々の行動、振る舞いの蓄積によって醸成されるものである。しかし、社員の立場に立って周囲を見まわすと、たくさんのルールでがんじがらめになり、とても窮屈な会社生活になってはいないだろうか。

社内には経営理念やビジョン、ミッションが掲げられ、就業規則や労働契約、安全衛生管理、ISOなど規則・規制だらけである。就業規則や労働契約は、本来弱い労働者を守るための法律なのに、このルールを厳密に運用しようとすると結局社員を追い詰めることになりかねない。コンプライアンスを遵守することは、すなわち職場のゆとり、社員の心身の余裕を喪失しかねないというリスクをはらんでいるといって過言ではない。

たとえば、ある職場でこんな事例があった。あなたならこの事例からどんなことを感じるのだろうか。実際に起きた事例であり、その職場がどう対応したのかも含め、紹介しよう。

また、このときに当事者がどう対応したかを解説する。企業によっては当然事情が異なるので、この対応が良いか悪いかはあなたの判断に委ねたい。少なくとも、議論のきっかけにはなると思う。

【事例1】 就業時間の認識について

某エネルギー業界に属する事業所でのこと。Rさん（28歳、男性）は、高専卒で入社8年目の中堅社員である。仕事はできるが、とにかく朝が弱くいつも始業チャイムが鳴りはじめると同時に出社してくる。Rさんの上司であるK係長は、もっと余裕を持って出社するよう何度も指導しており、本人もその都度反省はするものの、なかなか変わらない。

ある朝のこと。Rさんが出社してこない。有給休暇の申請も出ていない。始業のチャイムが鳴りはじめた。そのチャイムが鳴り終わる寸前に、Rさんが息を切らして席に着いた。

K係長は、Rさんに

「遅刻じゃないか。もっと余裕を持って出てくるように」

と注意した。すると、

「係長、遅刻じゃないですよ。だって始業チャイムが鳴り終わる寸前に着席したじゃないですか」

と反論してきた。

◎質問

もし、あなたがK係長の立場であれば、Aさんの反論に対し、どう指導（説明）しただろうか？　具体的に考えてみよう。

◎解説

このケースで、K係長がRさんに指導したことは、「出社時間と始業時間の違い」である。K係長はRさんに、「始業」の意味を説いた。生産現場では始業チャイムとともに作業に取りかかれる状態を言い、管理・間接部門ではパソコンを立ちあげて、いつでも作業できる状態であると説明した。

Rさんは始業チャイムが鳴り終わる寸前に自席に着いたが、実際にはそれからパソコンの電源を入れ、パスワードを入力し、立ち上がるのを待たなければいけない。それは時間の長短ではなく、生産現場での常識を伝えたかったのである。Aさんは理解と納得をし、翌日からは始業チャイムが鳴り終わった時点で、パソコンを使い仕事ができるよう出社するようになった。

【事例2】

機械メーカーのF社は、従業員600名規模で、加工工場が1階、2階に管理スタッフの事務所、食堂がある。F社の休憩時間は、12〜13時の昼休みと午前は10時〜、午後は15時〜と、各10分間となっている。

総務課に勤務しているWさん（47歳、課長、男性）は、ヘビースモーカーでほぼ毎日休憩時間以外にもオフィス横にある「喫煙ルーム」に出入りしている。休憩時間以外でも最低30分程度は、タバコを吸いに席を立つ。そんなある日、Wさんの部下である

Mさん（30歳、男性）から相談があった。

「（入社2年目の）Yさんですが、仕事中にスマホばかり見ていて仕事が停滞していま
す。新入社員の手前もあり、何度も注意したのですが一向に改まらなくて――。課長
から指導していただけませんか」

このことは、W課長も以前から把握していた。仕事中に私的なメールやゲームなど
をすることもあった。早速、W課長はYさんを会議室に呼び、就業中の私的メールや
ゲームなどやめるように注意した。Yさんは W課長の話を神妙に聞いていた。しかし、
W課長が、

「いまの状態は、生産性を下げ、仕事をせずに給与をもらっているということだよ」

と発言したときにYさんが、反論をしてきた。

「課長は、人のことは言えないんじゃないですか。毎日、30分は喫煙室に行っていま
せんか。僕のスマホと何が違うんですか」

その指摘にW課長は、一瞬ひるんだ。

◎質問

あなたがW課長なら、Yさんの指摘にどう答えたのだろう。そのうえでYさんにど

う説明し、どう納得させたのだろうか。

◎**解説：事例2**

Y社員の行動は、就業規則の内容を確認する必要があるが、一般的には就業規則に反している可能性がある。W課長の行動も本来は、休憩時間を利用すれば事足りることだ（ただし、喫煙ルームについてはその設立経緯なども踏まえ、各社各様の事情がある）。いずれの行為も自分勝手な判断によるもので、職場規律を乱す行為と言える。

特に、F社は機械メーカーであり、生産現場で働く労働者は、休憩時間は午前、午後の各10分間と昼休憩しかない。作業中にスマホなど見ることもできない。管理・間接部門においても特別なルールがない以上は、工場全体で規律を維持することは大事である。

このケースでは、W課長はYさんの指摘を受けて反省をした。嫌煙権が主張され、喫煙ルームでタバコを吸う行為は、頭の片隅で当然の権利だと思っていたのだ。W課長はY社員に喫煙は休憩時間のみにすることを約束し、Y社員もスマホを扱うのは、休憩時間のみにすることを約束した。

守れないルールや規則が当然のように存在する謎

２つの事例から教訓を得ることができる。

①就業規則には、いろいろルールが定められているが、実は、社員はあまり理解していないということだ。管理職も人事部門以外は、あまり関心がないのが実態であろう。就業規則は社員を罰するためのものではなく、社員を守るためのものでもある。

原点に返り、自社の就業規則、特に服務規定に関する条文を熟読し、理解しておくことをおすすめしたい。

②職場で上に立つリーダークラスがルールを逸脱することは、部下・後輩が同様なことをしても注意ができない。つまり、その職場には「上だってやっているのだから、これくらいは……」と自分を正当化し、小さなルール違反が次々と発生し、規律が乱れた職場になる危険性がある。

③タバコを吸いに離席をする。あるいはスマホで作業する時間が仮に30分／日としよう。この会社の出勤日数を２３０日（背景は、年間休日を１２０日、有給休暇などの取得を15日／年と仮定）とし、毎日30分仕事をしない時間を1年間に換算すると、１１５時間／人に相当する。１日８時間勤務とすれば、仕事をしていない時間は1年間でなんと14・４日となる。

人間は、四六時中緊張を続けることは容易ではない。しかし、就業規則に当てはめるとこうした理解や計算が成り立つ。これが職場に5人、10人と増えると、どうなるか考えると恐ろしい数字になる。

あなたの職場にも、明らかにコンプライアンス違反とは言えないまでも、グレーな領域の行為や言動は少なからずあるだろう。私はルールや規則を守ることは大事だと思うが、守れないルールや規則であれば、どうすれば守れるのかを議論し、場合によってはルールや規則を見直すことも必要だと考える。

みんなが働きやすく、イキイキとした職場をつくることが目的であり、ルールを守れない人を罰することが目的ではない。

企業不祥事は地域の経済活動にも影響する

企業不祥事を起こした事例を分析すると、なぜコンプライアンスを守ることが必要なのかが理解できる。一旦、不祥事を起こすと経営者だけの問題ではすまされない。リストラや企業統合、挙句が廃業や倒産に追い込まれるなど社員とその家族が泣くことになる。地域の経済活動にも大きな影響を与える。

具体的に、企業不祥事を起こした場合、どんなことが起こりうるのかを時代背景も踏まえ、企業におよぶリスク要因を整理してみたい。将来の経営幹部候補として避けては通れない必要不可欠な要素である。

想定できる5つのリスク

①不祥事を起こした企業の味方はいない

かつては、老舗企業や大企業が不祥事を起こすと、地元の銀行から融資や人材支援のための派遣などのサポートを受けることができた。しかし、いまはそんな支援をしようとすることと自体、株主から猛反対を受け、社会からもコンプライアンスに反する行為として厳しくとがめられる。企業はどんな場合でも、自ら犯したことは自らが責任を取るしかない。

②企業で起きたことが知らないうちに全世界に拡散する

「悪事千里を走る」ということわざがある。SNSの時代、企業による不祥事はもとより、大企業やブランド企業に在籍する社員が不祥事を犯すと、瞬く間にその情報が世界に拡散してしまう。しかも、一旦拡散された悪い情報は、なかなか拭え切れるものではない。

商品やサービスの売上にも大きく影響するし、優秀な人材の離職、あるいは新人の採用などに測りしれない影響が出てくる。

③起こしたことよりも、どう対処したかが重要になる

歴史・伝統ある企業は、地域に根差した事業活動を行ってきている。その点では地域の住民に、まさかあの企業が不祥事を起こすなどと、その企業に対する「完全無欠神話」が存在していた時代があった。

ところが、いまはどんな企業だって不祥事は起きる、と消費者は覚悟している。それほど企業に対する信頼度が落ちていることも事実だろう。大切なことは不祥事を起こしたことよりも、その後どう対処したかである。

誠心誠意の対応が望まれるが、その点、不祥事を何度も繰り返す企業は市場での信用、ブランド力は失墜し、その回復には時間とコストがかかる。下手すると、市場から放逐される。「わが社に限って」は、死語と認識すべし。

④昨日までの基準や法律で善悪の判断ができない

時代の変化が速くて激しい。いまや立ち止まることは、時代に取り残されることを意味する。これまでやっていたやり方や考え方に固執し、改革をちゅう躇すること自体、この激動の時代にそぐわなくなっていることを認識しなければならない。
「いままでこのやり方でやってきたから安全」「他社もこの方法でやっているから大丈夫」という考え方はまったく通用しない。時代の要請、消費者の要請にいかに柔軟に適応するかが求められている。

⑤経営トップが「知らなかった」「指示していない」は通らない

企業不祥事を起こすと経営者が謝罪をする。この会見自体、すでに形骸化しているように見えなくもないが、マスコミから厳しい質問や指摘を次々、浴びせられる。そこで、たまりかねて経営トップが「知らなかった」「指示はしていない」と答える。しかし、これで許されるほど世の中は甘くない。

企業・組織では、職場の最前線で起きているトラブルやミス、まして不祥事という悪い情報はタイムリーに上がりにくいことは、すでに述べたとおりである。「自己完結は隠ぺい」である。不祥事に関わる情報が経営トップに正確かつタイムリーに上がらないことを考慮すると、社長が「私は知らなかった」「指示していない」という答弁はあながち嘘ではないだろう。だから、いつまで経っても不祥事の芽はなくならない。

知らなかったということは「経営者自身の問題」であり、経営を司る資格がないといっても過言ではない。特に、マスコミの社会部が絡んだ事件では、間違いなく社長は辞任に追い込まれている。

⑥メディアの力は想像以上に強い

企業不祥事が起きた際、企業側に最もストレスがかかるのは報道機関、マスコミの対応だ。特に経営者は不祥事が起きた背景・要因をいち早く分析し、対応策を発表し、被害者の救済や原状復帰を約束しなければならない。

これができないと容赦なくマスコミの集中砲火を浴びる。そして、社会の悪の根源のような新聞・TV報道となる。それほど社会部が絡んでくると、ことは簡単にはすまない。経営トップのクビが取られることは覚悟しなければならない。それほどメディアは、司法の力に優るとも劣らない影響力を持っている。

これらのことは、何も企業全体のことだけではない。あなたの職場でも同様な考え方が成り立つ。不祥事が起きたら隠さない、逃げない、嘘をつかないことである。

人間、誰しも完ぺきではない。失敗やミスを犯したときの対応こそがその人の真の人物評価につながる。品格がわかる潔さと責任は、クルマの両輪である。

本章では、世代を超えて職場内のコミュニケーションを上手にとれるのか、その考え方とアクションの起こし方を整理してきた。これを機会に、「自分が考えたり感じたりしているいることを正直に表現し、相手のことも配慮する」ことができるアサーティブな行動をあなたが進んでできるように習慣づけしていただけるとうれしい。

第5章

リスクを回避するためにできること

「お客様が笑顔になれるのか」を基準にせよ

「本音」「建前」は通用しないという変化

なぜ企業不祥事が絶えないのか、あなたは不思議でならないことだろう。図表5-1を見ていただきたい。流れを説明する。

現代社会はグローバル化し、いろいろな意味で透明性・公平性が求められている。一方で、自由化の下、規制緩和が進み、誰もが平等に新規参入できる社会になった。そこには、誰にでもわかる明確なルールと公平な適応が求められている。

万が一のルール違反（コンプライアンス違反）に対しては「自己責任」が問われ、従来以上に厳しい事後制裁が待っている。これが、現代社会はリスク社会であるという所以である。

一旦ルール違反をすると、かつての大人の常識などは通用せず、このルールの適用から逃れる「聖域」は存在しないことを改めて肝に銘じなければならない。「本音と建て前」が通用しなくなったのだが、こうした変化に企業がついてきていない。

それは社内のベクトルが合わないのか、社員の多様化が邪魔しているのかはともかく、対応が遅れていることが問題なのである。企業の不祥事、すなわち違法行為は決して増え

図表5-1　グローバル化による社会の変化

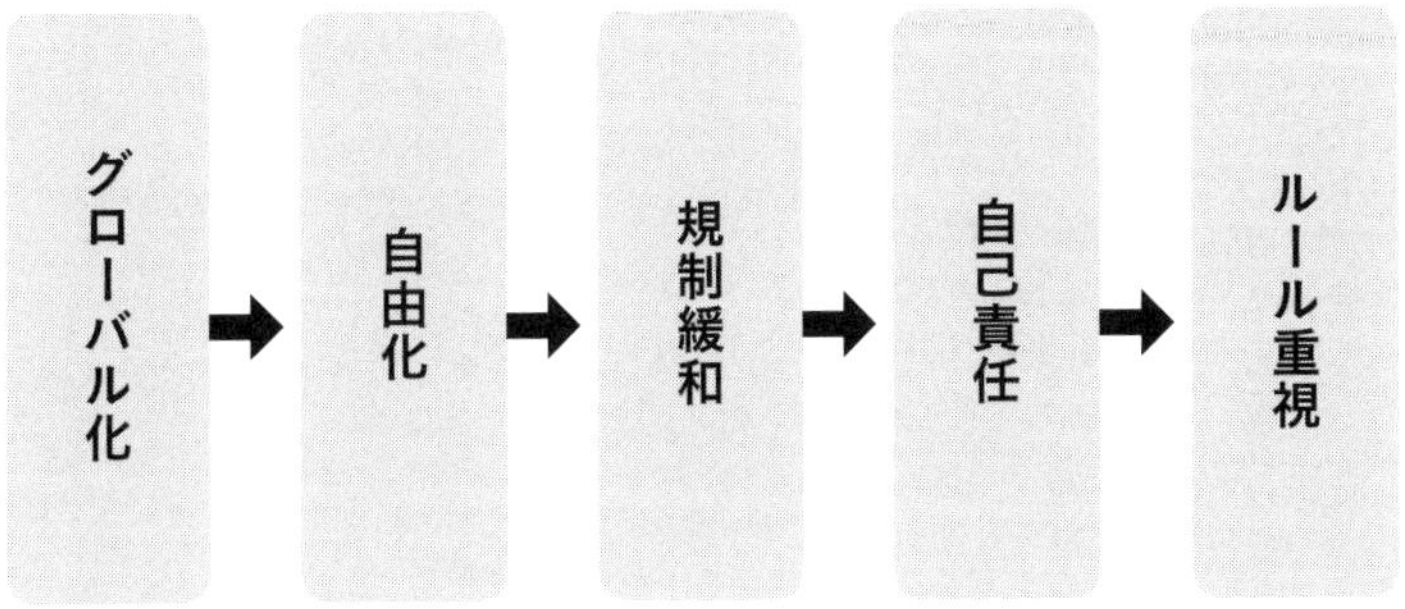

法政大学経営大学院　上野治夫氏「リスクマネジメント論」より著者加工

たわけではない。

一方で、内部告発は着実に増えている。企業側が時代の変化についていけず、従来と同じ行動を繰り返しているからである。これは個人においても同様なことが言え、「旧来型企業社会の崩壊が企業不祥事を生んでいる」（上野治夫氏）わけだ。

では、旧来型社会とはどんな社会であったのか。上野氏は、次のとおりに解説している（図表5-2）。

「保守的な社会」から「自由な社会」へ

昭和世代には懐かしいキーワードが並ぶ。しかし、悪いことばかりではない。ある意味で公平・公正な社会であり、安心・安全で、安定した社会であったことも事実である。いまは、この閉鎖的で保守的で犠牲的な社会から脱却し、個人を中心とした自由な社会へ移行の真っ只中で、新しい価値観と行動様式

図表5-2　旧来型社会の特徴

①	地域社会、会社、家などの組織を前提とする閉鎖社会
②	伝統墨守、先例踏襲、話し合いの長老支配社会
③	終身雇用、年功序列
④	流動性と変化が少なく、知らない人や新しいこともあまりない。そこに自由もなく、平等にもほど遠かった。
⑤	組織のため個人が犠牲になる社会

を模索しているときである。

まさに改革の苦しみと試練の中にある。このことを理解したうえで、企業内の改革に取り組まなければならない。

あなたの会社にまだこのような傾向が残っているのであれば、時代に合った風土、制度の構築に向けて行動を起こさなければならない。なぜなら旧来型社会は、上下関係が明確で、滅私奉公を求めるようにモラルハラスメントやパワーハラスメントなどを引き起こすリスク要因を抱えているからだ。

人的なエラーを防ぐ「フェイルセーフ」「フールプルーフ」

リスクとは、「個人的、または社会的に好ましくないことが起こる可能性」のことを言うが、その特徴は、「それが起こるかどうかわからないこと」である。大事なことはリスクと上手につき合うことであって、はなから避けようとしてはならない（リスクとの共生）。言葉にするのは簡単だが、実際は行動に移すのはむずかしい。

さらにリスクは、常に損害・危害をもたらすとも限らず、あくまで確立の問題であることと認識すべきである。そこには人間の特性が大いに影響する。その特性とは、

「人間は間違いを犯す。だから人間である。間違いを犯すのは人間の証拠であり、特徴である。人間である以上、間違いは避けられない」

これこそが、ヒューマンエラー（人的過誤）を指す。ということは、不祥事を防ぐには、このヒューマンエラーを未然に防ぐことが重要となる。考えてみれば私たちの日常は、ヒューマンエラーの連続である。

うっかり、思い込み、勘違い、錯覚、誤解など数えるとキリがない。どうすれば、このヒューマンエラーを減らすことができるのだろうか。どうすれば、ヒューマンエラーを犯すリスクを察知することができるのだろうか。むずかしいが重要なテーマだ。

私の社会人としての出発は工場からはじまった。当時、工場の安全衛生管理の担当をしたことがあったが、そこでは多くのことを学んだ。

6000人近くいた工場だったが、労働災害を起こさないために日夜あらゆる方法で、社員へ注意喚起を図っていた。その際、「人間はミスや失敗を犯す動物である」という大前提で、どうすれば災害や事故をなくすことができるかを考えた。

ヒューマンエラーを防ぐには、二つの考え方がある。フェイルセーフ（fail safe）とフールプルーフ（fool proof）である。フェイルセーフとは、人間が誤った行為をして、製品、システムに故障やエラーが発生しても安全サイドに働くような工夫のことを言う。

「おかしい」と言葉にできる雰囲気が社内にあるか

たとえば、ワゴン車やエレベーターのスライドドアに挟まれそうになると、ドアが止まる現象である。そしてフールプルーフとは、人間が誤った行為をしようとしてもできないようにする工夫することで、洗濯機の蓋を閉めないとドラムが回らないしくみがそうだ。

ところが、この概念が不祥事防止に活かせるか否かとなると、別問題である。フェイルセーフのように、人間が誤った判断をして部下に指示したとして、それを自動的に防止できるしくみはむずかしい。それにもましてフールプルーフのように、人間が誤った行為をしようとしてもできない工夫は、ハード面でない限りは不可能に近いだろう。

ただ、上司が誤った指示するなどのヒューマンエラーがあっても、それに早く気づき、軌道修正し、不祥事を未然に防ぐことはできそうである。

具体的には、ある事象や案件について、職場内で「おかしい」と気づいた社員から指摘があり調べると、やはりおかしいとわかる。そして手を打つ。危うく不祥事に発展するところを防ぐことになる。これが、「ヒヤッとした、ハッとした（ヒヤリ・ハット）」事象である。

日常、私たちは身のまわりで「ヒヤリ・ハット」体験をあらゆるところでしている。この「ヒヤッとした、ハッとした」感覚を持ったときは、なぜヒヤッとしたのか、冷静に考えるといい。これがあなたの感性を磨く一歩となるからだ。

「重大な不祥事」の前には必ずその前ぶれがある

実は、不祥事もヒヤリ・ハットも結果に至るまでの経緯はほとんど同じで、このヒヤリ・ハットの段階での情報が活かせるしくみこそが不祥事防止のカギとなる。これが図表5-3の「ハインリッヒの法則」である。

「ハインリッヒの法則」では、図中にも示しているとおり「1：29：300の法則」とも言われ、労働災害における経験則である。一つの重大事故の背景には、29の軽微な事故があり、その背景には300の異常（ヒヤリ・ハット体験）が存在するという法則である。

つまり、300件のヒヤリ・ハットした事象を、「何もなくてよかった」と胸をなでおろすだけではなくてその経験を生かし対策を打てば、29件の小さな事故やトラブルに発展することはないし、仮にこの時点でも全力で対策を講じていれば重大な事故・事件につな

図表5-3　ハインリッヒの法則

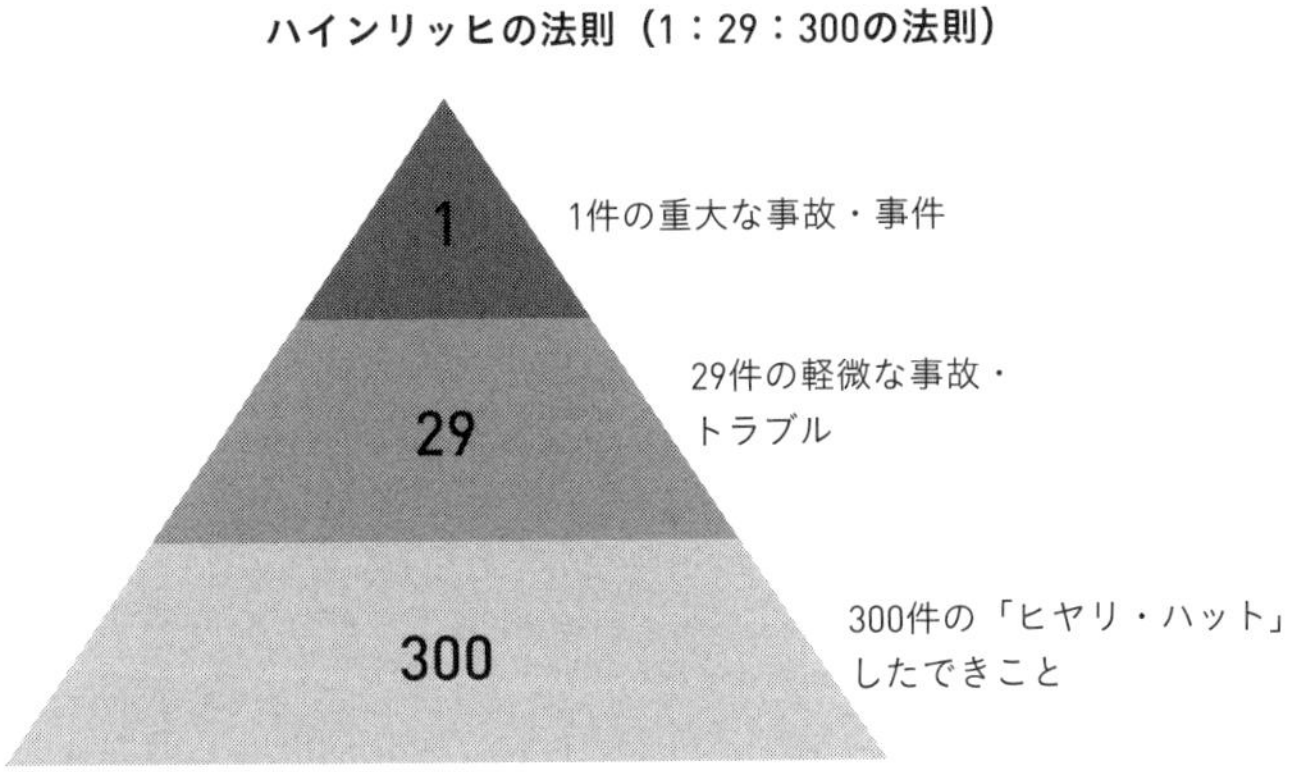

がることはないということになる。

たとえば、職場に気性の荒い社員が転勤してきたとしよう。態度も言葉遣いもよくない。明らかに反抗的な態度で、職場で他の社員と何度かトラブルを起こしそうになった（ヒヤリ・ハット）。

３００件の「ヒヤリ・ハット」への気づきこそ大切

ここで放置しておくと、いずれパワハラ行為に発展したり（29件の事故）、暴力事件（重大な事故）に発展することだってあり得る。だから、早いうちにきちんと指導・教育をすることが必要になる。気性の荒い社員に上司が対話し、きちんと指導し、本人が気づくことで、リスクの芽を摘み取ることができる。

あなたの職場や身のまわりをもう一度、見まわしてみよう。そこには、いままで見えなかった、あるいは気づかなかった「ヒヤリ・ハット」が必ず潜在している。「見れども見えず」の状態から脱却し、職場に眠る不祥事の芽を顕在化するチャンスである。

製品に不具合がある前提で安全性を評価せよ

ヒヤリ・ハットの発想にも似ているが、私はいま企業などでコンプライアンス教育をする際、いかに職場のトラブルを防ぐかの視点で、感性を磨くために有効な考え方として「ＦＭＥＡ」手法（Failure Mode and Effects Analysis：故障モードと影響解析）を紹介している。

ＦＭＥＡ手法は、本来、製品やシステムの信頼性や安全性を評価し、分析する手法で、具体的には故障や不具合を事前に予測し、トラブル未然防止のための信頼性手法である。つまり、この製品には、必ず不具合箇所がある故障が起きる、という発想で製品を分析するわけだ。

これをあなたの職場に応用してみよう。

具体的には、「自分の職場で必ず不祥事が起きる」という発想で職場を分析してみることだ。むろん、職場には善良な社員ばかりで、誰かを悪者に仕立てるように思うかもしれないが、決してそうではない。

すでに紹介した「不正のトライアングル」の3つの要素を思い出して欲しい。「不正を働く動機」「不正を働く機会」「正当性（倫理観の欠如）」である。どういう職場（人間関係、労働条件など）であれば不正を働こうと思うのか？　どういう職場環境だと不正ができるのか？　不正を働く理由・要因をつくっていないか？　など、客観的に分析をすることで気づいた改善点があれば、少しでも早く手を打つべきである。

たとえば、いつも昼休みにポツンと寂しそうにひとりで食事をしている人はいないか。属人的作業やひとり作業で、第三者がかかわれない仕事はないか。上司、リーダーが率先してルール違反をしていないか。職場では何でも言い合える雰囲気があるか。こうした目で日常の職場を観察することも、あなたの「感性」を養うことには役立つ。該当する事項が見つかれば、まわりと相談をして早めに手を打つことだ。

環境に慣れっこになっていないかを見直そう

部下や後輩の感性を磨くことも大切だ。感性を磨くと言っても他人のことなのだから、そう簡単なことではない。どう指導すれば感性を磨けるのか。これはむずかしいテーマだが、避けては通れない。

私は工場に14年間勤務したが、そこで貴重な体験をした。プレス工場では騒音対策、鋳造工場は粉じん対策、鍛造工場は暑熱対策など、工場によって環境対策を講じなければならない。たとえば、プレス工場の場合、１００デシベル（音の大きさを表す単位：dB）の騒音を発する職場だとしよう。それは「ガード下の騒音」に匹敵する大きさで、一般の人ではとても会話が成立しない。

工場に立ち入った瞬間に「うるさい！」と感じ、思わず耳をふさぎたくなる。ちなみに、普通の会話が60デシベル程度と言われているのだから、人が話すことはまったく聞こえない。ところが、そこで働いている社員は「当たり前の日常」であり、会話もできる。もちろん、耳栓など労働安全衛生法で定められている保護具は、着用している。

その職場で働いている人たちには、「うるさい職場」という感覚がなくなってしまうのだ。日常のことで体が慣れてしまう。同様に、「照明の暗い職場」「暑い職場」など、見れども見えずの状態に陥ってしまい、職場の暗さや暑さも、さほど感じないという。「当たり前」を疑えと指摘したが、そこにいる当事者と外部の人間とではこの感覚が大きく異なる。何が正しいのか、何が当たり前なのかという本質を追究する姿勢が大切ではないか、と警鐘を鳴らしたい。

このことは不祥事防止にもつながる話である。長く同じ部門にいて自分以外の他者の仕事が理解できない。同じ仕事を単純に繰り返すだけで緊張感を失っている。クライアントとつき合いが長く、公私の分別がつけづらいという社員はいないか。こういう人たちこそ社内での部門を超えた交流が大事になる。

具体的には、人事ローテーションにより他部門への異動による活性化をはじめ、部門を横断した勉強会の実施、異業種交流会や業界内の研究会などへの出席、などである。

いまはダイバーシティーの時代。さまざまな属性、文化、価値観などを持つ人たちと交流し、ぶつかることで自分を知り、他者を知り、新たな発見や気づきを得ることができる。こうした発見や気づきの積み重ねこそが、自らの「感性」を磨くことにつながっていくのである。その点では、あなた自身はもちろん、部下や後輩に多くの「出会いの場」を体験させ、「武者修行」させることは大事な人材育成でもある。

褒美で行動をうながす「外発的な動機づけ」の限界

一方で、いくら出会いの場を提供し、感性を磨けと言ったところで、そもそもいまいる職場・企業に対して反発や不満・不信感を抱いている社員がいるとしたら、まったく意味をなさない。たとえば、あなたが部下に、

「職場の中の不祥事リスクを調べ、その対策も含め1週間以内に報告してください。それによって、賞与の成績を考えることにします」

と、指示をしたとしよう。おそらく部下や後輩は、よほどあなたに反発していない限りは、それなりのレポートを提出してくるはずだ。

しかし、これでは部下の取り組みが一過性に終わり長続きしない。言われたことには応えるが、主体的に行動することはない。いつも中途半端に終わる。というあなたの愚痴が聞こえてきそうだ。

なぜだろうか。それは明確で、あなたが部下に対し、外発的な動機づけしか行っていないことに原因がある。「○○しないと△△させない」という馬ニンジンをぶら下げて、部下を動かそうとしている。馬を水飲み場に連れていくことはできても、馬に水を飲ませることができないのは、この外発的動機づけの限界を示唆している。

それならば内発的動機づけだとうまくいくのか、ということだが、これには時間がかかるし、それなりの覚悟が求められる。部下に内発的動機づけをするためには、あなたと部下との間に相互信頼がなければならない。相互信頼と口にするのは簡単だが、一朝一夕に成立するものではない。大前提として部下に、「この人のために頑張りたい」というモチベーションが働く必要がある。

そこで、あなたに日常との部下の関係性を振り返ってみて欲しい。あなたは部下のAさんとBさんを比べたりしていないだろうか。たとえば、

「Bさん、なぜAさんみたいにできないの?」

「Aさんの仕事は早いよ。Bさんも頑張らないと」

相手を励ますつもりなのはよくわかるが、残念ながら内発的動機づけを高めるためには、部下同士を比べてはいけないし、それではうまくいかない。所詮、生い立ちが違えば、性格や能力・スキルもまったく異なる。

むしろ個人の成長に視点を当て、昨年よりどう伸びたとか、ミスが少なくなった、など個別の目標に対し、絶対的評価をすることを心がけるべきである。そのためには、日ごろから部下の一人ひとりに関心を持って定点観察をしなければならない。本気で部下の主体性を育てようとすると、あなたにも本気と根気と覚悟がいるわけだ。

職場の風通りを良くするのもあなた次第

上司や部下から信頼されているという安心感を抱き、自己効力感が高く、仕事を頑張ろうというやる気を持つ社員をイメージしてみよう。

職場も会社も好き、仲間が好き、仕事はつらくても、その様子を見守ってくれる先輩や

上司がいるから頑張れる。休憩時間や定時後などを利用し、プライベートなコミュニケーションもできている。オン・オフの切り替えが明確である。

こんな社員は職場や会社への帰属意識が高く、目の前に隠れている問題を見て見ぬふりはしない。事なかれ主義では済ませないだろう。それは当事者意識があるからだ。自分の職場が大事、仲間が大事と思うからおかしいことをおかしいと指摘することができる。ときどき管理職からこんなボヤキを耳にする。

「最近、うちの若手社員は言われたことしかやらない」

「職場で起きている問題がタイムリーに上がってこない」

これは、「ミラー現象」と言って、管理職自身の課題が部下の行動に反映されているのである。若手社員に仕事を任せることをせず、すべて自分で抱え、指示ばかりしていないだろうか。職場の問題を報告・相談してきた部下に対し、いきなり頭ごなしに怒っていないか。職場の風通しをよくするのも悪くするのも、上に立つあなたの対応次第なのだ。

コミュニケーション不足を他責にしていないか

ここまで執拗に職場のコミュニケーションの大切さを説いてきた。しかし、あなたの心の中は「コミュニケーションの大切さはよく理解できました。ただ、これを活性化するには、上に立つ人たち（あなたの上司や役員）がその気にならないと……」と、いう気持ちではないだろうか。

私はこれまで、多くの企業でコミュニケーションアップのための研修やコンサルティングを通じ、多くの人と出会ってきた。また、キャリアコンサルタントとして、これまで16年間、毎年約200名のキャリア相談に乗ってきた。特に30代、40代の相談が一番多いが、やはりあなたと同じような声をよく聞く。

「いまの立場では何もできない。もっとコミュニケーシを取ろうと言っても、上が理解してくれないと行動できない」

「20代の社員も協力してくれないと盛り上がらない」

「とにかく職場が静か。相談しようとか、質問しようとか思ってもできる雰囲気じゃない」

中には、

「コミュニケーションがないと職場が楽しくないから……」

と諦めて「転職」した人もいた。そのたびに、辞める覚悟があるなら何とか改革に挑戦すべきだったのでは？　と個人的には感じる。

というのも、このままでは1980年代の流行語にもなった「くれない族」（相手が動いてくれるのを待っている、相手頼みの人たち）と一緒になる。自分から行動を起こすのではなく、行動できない理由を他責にしている。「上司が○○をしてくれない」「部下が○○してくれない」となる。

ダメ元でいいから動いてみようじゃないか。失敗したらやり直せばいい。何も失敗しない人生なんてない。いや、何も失敗しないということは、何も挑戦しなかったに等しい。これでは空しいと思わないか。

実は、つい先日、ある企業で研修をした際、33歳の男性が相談にやってきた。内容は、「私の上司と先輩の仲が良くなくて職場の雰囲気が暗くて楽しくないんです。なんとか私が2人の間に入って、いい関係になるようにしたいのですが、どうすればいいでしょうか」ということであった。彼の真剣な眼に胸が熱くなった。こんな若者がいることがうれしくなった。

要は、真剣に職場を変えたいと思うか否かの差である。

ところで、『苦しかったときの話をしようか』（ダイヤモンド社刊）の著者である森岡毅氏が、「失敗しなかった人生が最大の失敗」と言っている。まったく同感である。

何もむずかしいことをする必要はない。たとえばだが、明日から、職場の一人ひとりにあいさつをしてみてはどうだろう。「あいさつはしている」と言われそうだが、あいさつは、相手の顔を見てすることが基本。そうすれば、相手の表情を見て明るい、暗い、うれしそう、悲しそう、という日々の変化に気づく。実は、意外とちゃんとあいさつをしている管理職は多くない。あいさつはコミュニケーションを誘発する。そこがチャンスなのだ。

「けさはニコニコしているけど、なんかいいことあった？」

「えっ、わかります？……実は、結婚することになりまして…」

「へえ〜、それはおめでとう。それでお相手は？」

「学生時代のサークルの後輩で」

「よかったなあ」

と、対話が続く。コミュニケーションは2往復以上することが最低条件だ。

あいさつ以外でも、あなたにできることはたくさんあるはずだ。人の表情は心の中を反映する。その変化を読み取りながら、さりげなく声をかけることはできると思う。さあ、勇気を出していつもと違う行動を起こしてみないか。あなたのまわりに必ず小さな変化が起きるはずだ。

マネージャーとして何ができるかを考えて行動せよ

企業不祥事の背景や要因を分析してみると、職場のコミュニケーションができていないことが根っこにあることは、すでに何度も触れた。
そこで、これまで私が関わってきた企業や組織を中心に、不祥事の原因になり得る現状を「30代、40代を中心にした生の声」を聞き、それを基に私なりに整理したものがある。
これには、2通りの活用方法を提案したい。まず、あなた自身の「職場チェックリスト」として活用すること。さらに、こうした状況があなたの職場と重なった場合、あなたに「何ができる」かを考え、行動するためのヒントとして欲しい。

【30代、40代の「職場活性化」に関する悩みの声】

悩み1 何かにつけ、社内では「利益第一主義」が命題となり、管理職は目先の売上向上に血眼になっている。コミュニケーションをしようにも、上司に余裕がないとできない。上層部の意識が変わらないと何もできない。職場は暗い雰囲気で、いまは改革することを諦めている。

〈できること〉
これから30年近く勤める可能性がある職場を活性化させることができるのは、数年後に引退する経営者ではない。あなた自身なのだ。1日10時間以上拘束されている職場が楽しくない、つらいということほど悲しいことはない。仕事を通して人は成長する。「自分らしさ」を失わず働くことはどんな働き方かを模索すべきである。

「辞める」こと、「諦める」ことはいつでもできる。その前に、できることはいくらでもある。まず、何ができるかを突き詰めて欲しい。それを愚直に実行すれば必ず目の前に「変化」は起こる。見えてくる景色だって変わってくる。

あなたのまわりには、同じ価値観の仲間が多くいるではないか。その仲間を巻き込み、自分たちでできる小さなことからはじめ、継続し、地道にそして着実に改善を進めていくことだ。改革に近道はない。

それに家族は、あなたの表情や態度、一挙手一投足をよく見ている。「行ってきます」「ただいま」の声であなたの元気度を測っている。その家族に毎日、元気な姿、笑顔のあなたを見せて欲しい。

悩み❷ 目の前で起きていることに目を背け、自分には関係ないと「ことなかれ主義」で済ませてしまい、当事者意識が欠けた状態になっている。だから、同じ失敗、不祥事を繰り返しているように思う。

〈できること〉

背景には、日常が忙しすぎる。公私ともに重いものを背負い、自分のことで精一杯。部下や他部門のことなど構っていられない、という現実がある。

「あなたは自分の会社、自社商品・サービスが嫌いなのか」

「仕事にやりがいは感じないのか」

「職場の部下や後輩が嫌いか」

「お客さんは嫌いか」

と自問自答してみる。もし、すべての質問に「イエス」と答えるのであれば、それはなぜかを真剣に考えるべきだ。経営者が悪い、上司が悪い、後輩が悪い、と愚痴ったところで何も解決はしない。それはすでに説明した「くれない族」に陥ってしまうだけ。これでは、「事なかれ主義」「当事者意識の欠如」につながっていく。周囲を批判する前にあなた自身の1日を振り返ってみてはどうか。

おかしいと感じることや納得できないことをそのまま放置していないか。本当は、会社も商品・サービスも好きで、仲間も大好きなのではないか。何かのきっかけで、いつの間にか諦めてしまったのではないだろうか。

もう一度、入社したときの気持ちを思い出そう。「ピンチはチャンス」で、気持ちがへこんでいるいまだからこそできることもある。目の前の当事者に、おかしいことをおかしいと指摘し、納得できるまで議論してみればいい。そんなあなたを認めてくれる人は必ずいる。

自分が縁あって選んだ会社、自分を育ててくれた上司や仲間に目を背けることはない。後述するが、あなたのまわりには無数のリスクが眠っている。職場の問題は立派なリスクである。どうすればそのリスクが解消できるのか、を徹底的に考え話し合って欲しい。これは「リスクコミュニケーション」である。

みんなが「おらが職場、おらが仲間、おらが仕事……」という当事者意識を持つことが、すべてのスタートになる。あなたには、まわりにいる仲間をこのスタートラインに立たせるという役割を期待したい。一度きりの大事な人生である。その舞台を活性化していこう。

悩み❸ とりあえず、仕方ない、これくらいなら、という安易な責任転嫁に逃げている。背景には、結果を早く出さなければいけない。部下にじっくり考えさせ、指導する余裕がない。

〈できること〉

すでに述べたとおり、あなたのまわりでは、「ないない尽くし」で逼迫《ひっぱく》した状態であることが予想される。納期は迫っているが、品質も生産性も落とすわけにはいかない。仕事で、部下が問題やトラブルなどを起こすこともある。しかし、これにいちいち対応する時間も知恵もないため、つい「仕方ない、これくらいは」と見逃してしまう。

しかし、これではまたいつか必ず同じことが起きる。しかも、そこには人材を育てるという発想が欠けている。一度でも、あなたが部下や後輩に対し、「仕方ない。これくらいは」と許してしまうと、次に同様なミスや失敗が起きても叱責はできない。真剣に教育ができなくなってしまう。そうするとまた、人材がいない、育っていない、と泣きごとを言い、悪循環を繰り返すことになる。

つまり、時間がないときこそ、時間をつくり、きちんと教えることが重要である。「急がばまわれ」である。時間がないことを言い訳にして部下を教育しないあなたは、結局、自分で自分の首を絞めることにしかならない。

あなたには考える力がある。やってやれないことはないし、やらずにできることもない。部下はあなたの指導を待っている。「ピンチをチャンス」に変える場面は、目を凝らせばたくさんある。

悩み④ 過去の踏襲・伝統と言い訳をし、世の中の変化についていけない職場風土がある。

〈できること〉

最も無難で自分の責任を逃れる格好の言い訳である。「なにもできない」ことを証明している。もはや過去の踏襲や伝統にこだわること自体、時代に遅れている。歴史や伝統はいいものであれば残しつつ、新しいものをつくり上げていくことが必要である。そのうえでイノベーティブな取り組みが望まれている。それができるのはあなたなのではないか。日ごろから、「これはこうしよう」「こう変えたい」と、いろいろアイデアは持っているはず。このアイデアを言葉にしてみよう。

仲間を巻き込んで上司とコミュニケーションを取ろう。この小さな積み重ねも新しい歴史をつくる一環になる。きっと職場の空気が変わる。

日ごろから温めたアイデア、思いを実践する絶好の機会である。自分の当たり前と他者の当たり前は違う。こんなことは当たり前と思うことでも、思い切って言葉に出してみよう。

悩み5 社内で行われていることが、社会から見ると非常識なことのように感じることがある。社内の常識は、社会の非常識に気づいていない。

〈できること〉

こうした会社は、むしろ社内のコミュニケーションが良く、人間関係も構築され結束力が高いところが多い。その背景は、会社や仕事へのロイヤリティーが高く、帰属意識が高い。仲間が好きで職場で起きていることは自分にとって、「当たり前のこと」だと感じている。

これを「集団浅慮」と言い、視野が狭く社会のことが見えていないことの裏返しでもある。こんな職場でこそあなたの強みが発揮できる。学生時代の友人や異業種交流での仲間など社外のネットワークを活用して、自社の評判、商品やサービス評価などフィードバックを受けるといい。

すでに触れたが、社内や職場の「当たり前」を疑ってみることも必要だ。社内で通用する「普通」は、社会では「普通」ではないかもしれない。そのことで気づきや発見することが多くある。後は行動するのみだ。

悩み⑥ 上からの無理な要求に対し、現場が「ノー」と言えない（言わない）。特に、技術陣に関して、「知らない、わからない、できない」が言えない職場文化がある。

〈できること〉

すでに触れたアサーションを思い出して欲しい。会社として何を最重要視するかの問題である。経営理念では「顧客第一」と謳いながら、現実は、経営トップの顔色を見ながら仕事をしてはいないか。

これは上司の顔色ばかりをうかがう「ヒラメ社員」と揶揄されるが、自身のプライドが高く、まわりの評価が気になり、ネガティブな発言をすると評価が下がり処遇に影響しないかを心配する。自分のことしか考えていない。

結果、無理な日程や対応も受け容れ、品質上に問題を残したままの商品が市場に出てしまう。困るのはお客様であり、その後の対応の方がよほど大変でコストだってかかる。自社の信用が失墜し、ブランド力が失われるだけである。

無理なこと、できない要求に対しては、堂々と白旗をあげていい。もう一度、態勢を整え直して、チャレンジし直せばいいではないか。そんな勇気も大事だと思う。

あなたには、上司がすべてだという「ヒラメ」にだけはなって欲しくない。迷ったときは、あなたにとって「顧客第一」とは？　を考えてみよう。批判を覚悟して言う。経営陣は時がくれば交代する。しかし、一旦失った市場の信用は、簡単には取り戻せない。過去の不祥事事例をみても明らかである。

あなたや会社の10年後、20年後を考え、「鳥の目」でもっと高いところから全体像を把握し、何をすべきかを見通し、「虫の目」で自分の足元を見つめ直し、やるべきことを決める。そして「魚の目」で、激しい時代の流れ、トレンドを読み正しい方向に組織を導く力を養って欲しい。

「行動を変える」覚悟をした瞬間に「意識は変わる」

ほかにも多く要因があるだろうが、結局は、あなたの人生を見つめることが重要である。目の前の課題を放置しないことだ。いつか誰かがやってくれるだろう、と思っている間は、結局は誰も何もしてくれないことを覚悟したほうがいい。

「いま」を変えることができるのは、あなた自身だ。あなたがその気になれば、なんだってできる。行動変化を期待したい。そのためにはどうすればいいのだろう。

前出の森岡毅氏が、こんなことを書いている。とても参考になる。一文を紹介しよう。

「自分の行動を変えよう！　と決心したとする。その瞬間に意識（マインドセット）はもう変わっている。しかし、実際に行動が変わるかどうかは、神経回路と連動する筋肉の動きという物理的な問題なのだ。……つまり行動変化には時間がかかる。意識が変化して、自分はもう変わった！　と思っても、実際の行動がすぐにともなわないのは当たり前なのである。……意識変化→行動変化のタイムラグに耐えられず、周囲からガッカリされ、自分自身にガッカリしてしまい、行動を変える努力を継続することができない。つまり、物理的な矯正トレーニングを継続することができなくなるのだ。したがって、その人の行動は変わるはずがない。

変わりたいときに、うまく変わるコツとはなにか？　それは、最初からすぐに変われないことを覚悟して、時間がかかることを織り込んで、変わる努力を継続することだ。周囲にも自分にも正しく期待値をセットするということ」

いかがだろうか？　自分の行動を変えるには、相当な覚悟がいる。「自分の目的に好ましい行動を取れる確率を少しずつ上げていく」ことが求められるというのだが、ともかく

「自分が変わるんだ」という決意と、場合によっては「身近な人へコミットする」ことも有効だろう。

あなたひとりがどんなに頑張ったところで、組織風土がすぐに変わるとは思えない。何度でも言う。あなたがいまできることは、まわりの仲間を巻き込んで議論し、できることを明確にし、行動を起こすことだ。そこには当事者意識を持ち、事なかれ主義を排除したあなたがいる。自信と勇気を持って臨んで欲しい。

仕事は楽しいか——あなたに目指してもらいたいこと

あなたに目指して欲しい企業像は、「楽しい」がキーワードである。「楽しい職場」を実現することである。朝、会社に行くのがワクワクする、仕事をするのが楽しい、仲間と会うのが楽しみ。仕事の後のノミニケーションが待ち遠しい……というイメージである。しかし、これだけではあまりに漠然としている。

「あなたは、仕事を楽しんでいますか」

「楽しみはないと、諦めていませんか」

「楽しい」を国語辞典で引くと、「心が満ち足りて、うきうきするような明るく愉快な気分である」とある。大辞泉では、「満ち足りていて、愉快な気持ちである」とほぼ同じ説明がなされている。

私が考える「楽しい」は、自分が成長できる目標を持っているときや、自分の仕事に興味を抱き自信や誇りを感じはじめたときに、フッフッと湧き出てくる感情である。会社での仕事を今日はこうして進めたいとか、こんな営業アプローチをしたいとか、あの先輩に話を聴いてみたいとか、仕事が終わったら同僚と一杯やりたいなど、気持ちが前向きな状態である。

仕事を楽しくすることは、自信に満ちた自分がいて、楽しい仲間をつくることにつながり、その輪が楽しい職場環境をつくっていく。

こう書くとまるでワーカー・ホリックと誤解されそうだが、決してそうではない。病的に仕事にのめり込む状態ではなく、仕事に前向きに取り組むことで心も身体もウキウキする状態である。そこで、「楽しい」をきちんと定義しようと思い、いろいろ調べてみた。

文献調査をしたがなかなかピッタリくるものがなかったが、ようやく「楽しい」を論理的で、なるほどと納得できる本にたどり着いた。

それは、ジム・レーヤー（米国でスポーツ心理学の権威）の「メンタルタフネス」である。ジム・レーヤーは、「一流の仕事（行動）をするには、報酬や結果から動機を見つけてもダメで、その仕事（行動）自体に動機を見出せないとできない」、としている。

別の言い方をすれば、仕事をする場合は、自分がやっている行為そのものに愛を持たないといけない。結果を心配したり、成果について気をもんだり、弱点を気にして取り乱したりすることよりも、仕事そのものにもっと気持ちを集中させるべきである。

そうでなければ、仕事に興味を持ち続けることはできないし、最善を尽くすこともできないと指摘している。そのうえで、楽しいときほど成績はいい。おもしろくなると、行動に影響がでる。上手にできたから楽しいのだと思っているとしたら、それは逆である。

上手にできるのは、楽しんでいるからである。楽しむことは、何者にも代えがたい大切な要素であり、限りなくポジティブなエネルギー源だとも解説している。

この本をもっと早く読んでおくべきだったと、私の場合、後悔しても遅いが、あなたは十分間に合う。「上司と仕事は選べない」とよく耳にする。与えられた仕事をこなすしかない現実の中で、その仕事にどう向き合うのか。

自分の仕事に対する気持ちや行動そのものがあなたの仕事に対する好き嫌いや価値観を決めているのではないだろうか。

「いまの業務」の先に「誰が待っている」のか

かつて、日本の多くの企業に「受付」という職種があった。その当時は、来客の受付と外からの電話を受ける仕事がメインだった。ある受付担当の女性の話だが、その女性は日々単調な仕事をどうすれば楽しくなるかを考えたという。

そこで思いついたのが、顔の見えない電話応対を相手が目の前にいると思い、応対することだった。彼女の応対は、ていねいなだけではなく、一度聞いた声は会社名、個人名とともに完璧に覚え、次に電話を受けた際には、「〇〇様ですね、お変わりございませんか」と返すように心がけた。

当然、ファンは増えていく。電話を受けた人は、「元気になった」「気持ちが洗われた」と評判になっていく。結果、その受付をしていた女性は、最後は役員秘書にまでなったという。

自分の仕事に対し、好きか嫌いか、楽しいか楽しくないか、という単純なはかりにかけるのではなく、その仕事の先に誰が待ってくれているのか、どんな成果を望んでいるのか、仕事のやり方ではなく、仕事を進めるうえでの自分自身のあり方を見つめ直してみると、何か気づくことはないだろうか。

あなたにぜひ、観てもらいたいユーチューブがある。「人であふれる駐車場」である。私は大学院の授業で初めて観たが、胸が熱くなり、うかつにも涙を流していた。詳細は割愛するが、仕事に向き合う姿勢を教えてもらった。それは、「つまらない仕事なんてない。仕事に関わる人の姿勢が仕事をおもしろくしたり、つまらなくしている。……最高なことは、人と人とのつながりの中で生まれる感動」だと。気がつけば数十回繰り返し観ている。

「あの人のようになりたい」と言われる人になれ

仕事にワクワク取り組んでいるあなたのまわりには、きっと「あの人のようになりたい」とあなたを目指す後輩・部下ができていると思う。このプロセスこそが、職場風土を築く

図表5-4 人間関係を含めた「職場環境」調査

A、B、E社のインタビュー結果概要

＊肯定的回答者を分子に、回答者総数を分母に置いて作成

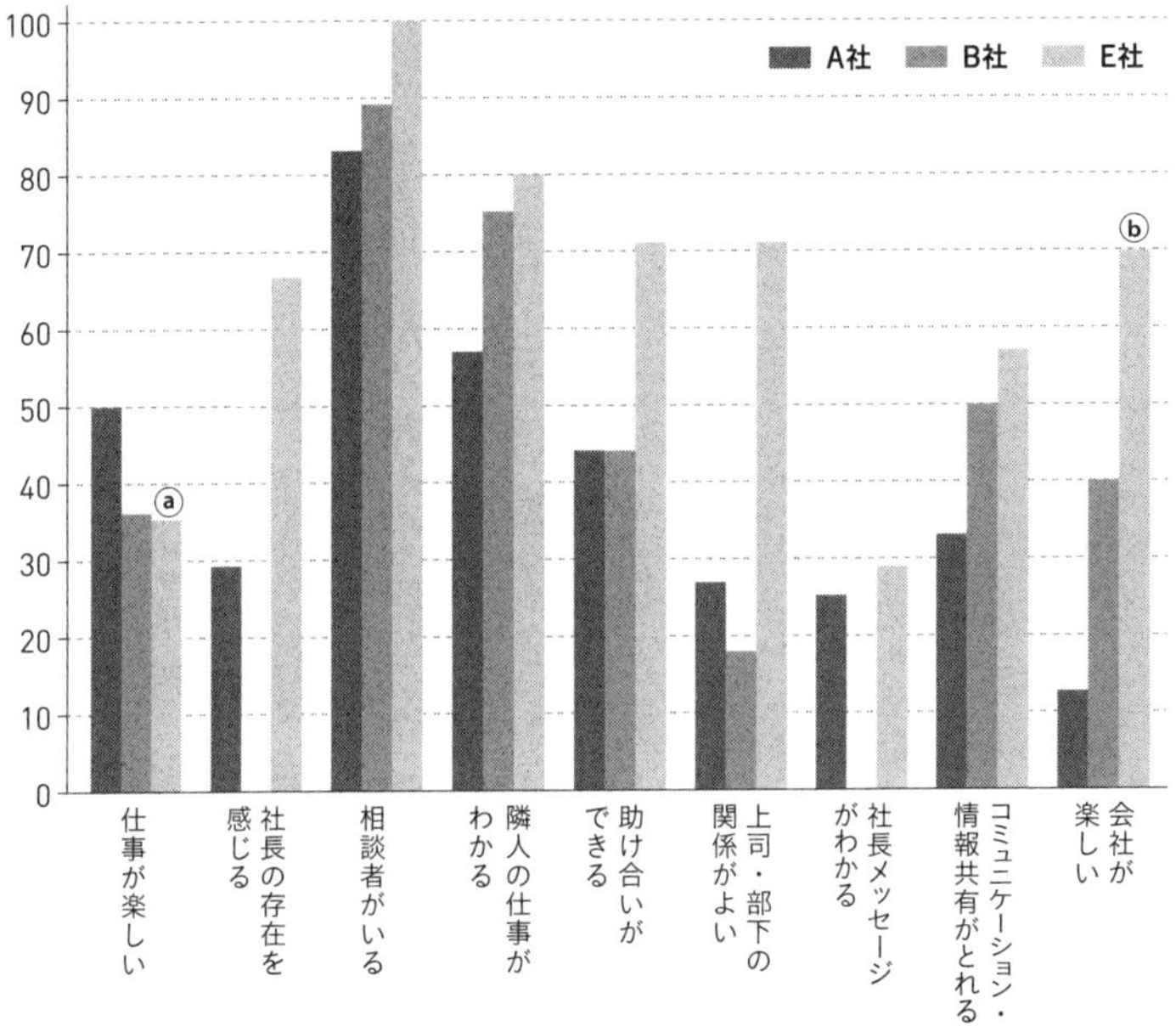

	企業	プロフィール（当時）	調査方法	対象者
1	**A社** 農業施設園芸メーカー 東京・群馬・栃木	［資本金］9980万円、 ［従業員］230名、 ［売上］62.7億円	インタビュー＆アンケート	I：16名［男12、女4］ A：7名［男6、女1］
2	**B社** 繊維製品メーカー・販売 東京・大阪	38億円、 720名、 770億円		I：13名［男10、女3］ A：5名［男4、女1］
3	**E社** 清涼飲料メーカー宅配 東京・大阪	8000万円、 130名、 42.6億円		I：7名［男5、女2］ A：7名［男5、女2］

（出所）著者の論文

うえで大切なように思える。

グラフは、かつて私が大学院での研究テーマに関し、実際に企業3社（図表5－4）にお願いし、55名（うち女性13名）にインタビューならびにアンケートを実施した集計結果である。

なぜ、この調査結果を紹介しようと思ったのか。この調査の前提が、まさにあなたに伝えたいテーマだったからだ。個人の「働くことに対する気持ち」の持ちようと自分の周囲との「人間関係を含めた職場環境」の相関関係を調べたものであり、まさにあなたに理解して欲しいと思った。具体的な質問事項は、次の9項目である。

・仕事は楽しいか。
・経営トップ（社長）の存在感を感じているか。
・困ったり悩んだりしたときに、相談できる人はいるか。
・隣の人がどんな仕事をしているか知っているか。
・困ったときに助け合うことができる職場か。
・上司・部下との関係はいいか、情報共有はできているか。
・経営トップのメッセージは、浸透しているか。

・職場のコミュニケーションはいいか。
・会社は楽しいか。

調査方法は、マン・ツー・マンもしくはグループインタビュー方式で、あらかじめ大まかな質問を準備し、半構造型インタビューを行った（平均約40分／1回）。調査結果の詳細な分析は割愛するが、E社の結果を見ると他の2社と明らかに異なることに気づく。

E社は、「仕事が楽しい（ⓐ）」を除いては、すべて高評価を得ている。中でも、困ったときに「相談者がいる」という項目は100％であった。さらに、何かあれば「助け合う」ことができ、「上司・部下の関係」が良好な関係を示す項目が、いずれも71％と高い評価であった。「コミュニケーションと情報共有」についても半数以上が評価し、3社では最も高い。

しかし、E社は、「仕事が楽しい（ⓐ）」の評価が35％と3社中、最も低い。つまり、仕事は3分の2の人たちが楽しいものではない、つらいと思っていると言える。ところが興味深いのは、「会社に来るのが楽しい（ⓑ）」が、71％と3社ではダントツに高いことだ。

これは、何を意味しているのだろうか。仕事は本来、つらいもので楽しいものではないという、冷静な判断をしていると理解できる。そのおかげで、労働対価としての給与や賞与をもらっていると考えるわけだ。

また、「隣の人がどんな仕事をしているかを知っている」についても高い数値だが、これは日常の雑談を含めたコミュニケーションがないとわからないことだ。つまり、コミュニケーションが取れてこそ情報の共有もできる。

まとめてみると、上司と部下との人間関係ができているので「困ったときに誰かに相談できる」し、「助け合える」。これがE社の職場風土だとわかる。要するに、仕事がつらく愚痴をこぼしたければ、いつでも誰にも愚痴ることができ、お互いに言いたいことが言える職場環境であることが、想像できるだろう。

「雑談会」を会議に取り入れ、会話が生まれたE社

現実にE社には何度も足を運び、普段の職場の様子も把握している。このグラフが示しているとおり、みんなが明るい。もっと正確に言うと、会社の役員が明るい。しかし、過去にはいろいろあったようだ。3社が合併してできた会社だからという。というのも、それぞれ出身母体が違うためだった。当初は意思疎通を図るのに苦労したというのは、総務部の主任の弁。

そこではじめたのが、「会議の有効活用」である。これは、あなたにもできることなので、参考にして欲しい。

具体的には会議を「1時間」と決めた。これは鉄則である。仮に30分で終わってもそこで解散をしない。なぜ？　と驚くと思う。ただでさえ忙しいのだから、会議はさっさと終えて仕事に就きたいからだ。

そこでE社では30分で終了すると、まず、この会議で何が決まったか、そして、誰が何をするのかを確認する。そのうえで、いよいよ核心の「雑談会」がはじまる。テーマはいつも一緒で「近況報告」である。時間は、残った時間しかないわけで、30分のときも10分のときもある。

しかも、発言の順番も決まっている。その会議に出席している一番役職の高い順から若手社員という順だ。テーマが近況報告なので、プライベートに関わることも含まれるということで、上から発言しないとうまく回らないからだ。ちなみに、「パス」はできない。

たとえば、部内の会議であれば、トップは部長である。まず、部長が、

「この3連休は、学生時代の友人と伊豆にバイクツーリングに行ってきたよ。夜は、温泉とおいしい魚が最高だったなあ」

と発言。すると、ある若手社員が、

「えっ、部長がバイクでツーリングですか……。実は、僕も趣味がバイクで。まさか、部長がバイクに乗られるなんて想像もしていませんでした」

「そうか。そんなふうに見えるんだな。よし、今度、一緒にツーリングしないか」

「はい、ぜひ、誘ってください」

という展開になるかもしれない。

ところで、その主任の説明によると、雑談会というのは苦肉の策で出てきた案だとのこと。もともと別会社が一緒になったわけだから、生い立ちも価値観も違う社員たちがベクトルを合わせることは至難のことで、しかも、個人情報の取り扱いが厳しく個人の属性など情報共有できない状況だった。したがって、合併当初は社員同士の会話もない職場で淡々とした日々だった。

これではさすがにまずいと、40代の管理職が提案したのがこの「雑談会」だったという。この提案には、「生産性が落ちる」と上層部からの意見があったが、社長の決断でいまに至る。

気づいたら職場のコミュニケーションが活性化

「雑談会」は上司から順にプライベートなことも話すので、部下も話しやすいし、お互い趣味が一緒だとか、出身校や田舎が一緒だとか、共通点などや発見することが増えて、気がついたら職場でのコミュニケーションが格段と活発になったという。

それにより、いままでは何でも言える雰囲気に変わった。また、成果として現われたこともある。仕事での単純なミスや勘違いが減り、生産性が向上し、業績が少しずつ上向いてきたことである。お互いが声をかけ合い、注意し合うことで、仕事の面でも人間関係の面で相乗効果がもたされた。

さあ、あなたも挑戦だ。あなたが日ごろから温めているこうした小さなアイデアを少しずつ形にしていけばいい。試行錯誤であっても何もしないより、よほど価値がある。

どこまでが指導で、どこからがパワハラか

本題に戻ろう。前章であなたの身のまわりには、あらゆる領域で無数のリスクが潜在していることを理解いただけたと思う。これに並行して企業や個人に対し、取り巻く法律や規則・ルールなどが厳しくなっている。

社会では「働き方改革」の推進を図る一方で、働き盛りで職場の取りまとめ役になっているあなたには、どんどん働き方が窮屈になっているという印象を持つのではないだろう

か。

そして、規則やルールを設ければ設けるほど、その規則やルールを破る人間も多くなる。諸刃の剣で、いたちごっこになっている会社も少なくない。

30代、40代になると、否が応でも後輩・部下が増える。特に、管理職になると部下に対し、仕事はもちろん会社生活に関するルールやマナーまでも指導・教育をしなければならない。

ところが、あなたは部下にどこまで厳しく指導していいのかわからないと頭を抱えているのではないか。あまり言いすぎるとパワハラになるかもしれない、部下から嫌われるかもしれない、と部下に忖度するマネージャーや先輩になっているのではないか。

どこまでが指導で、どこからがパワハラか、という不安など問題はあるにせよ、あなたの部下である以上、あなたには、部下を指導・育成をする使命がある。

部下のちょっとしたミスやトラブルを見て見ぬふりをして放置しておくと、後々取り返しがつかないことになる。結局は、あなたや職場の仲間が困ることになる。これもリスクマネジメントの一環だが、そこで重要になってくるのが前出のリスクコミュニケーションである。

ご存じのとおり、従業員を10人以上雇用している会社であれば、原則として「就業規則」

を作成し、労働者に周知し、労働基準監督署に届け出なければならない。これもすでに述べているが、果たして、あなたは自社の就業規則をどの程度把握しているのだろうか。管理職でも、賃金や有給休暇、旅費規程など身近な項目には関心があっても服務規程や懲戒規程までは理解していないという人が意外に多い。

部下を持つ立場、そして将来、部下を持つ立場になるのであれば、就業規則全般は少なくとも目を通しておくべきである。管理職は少なくても、どこにどんな規則が定められているかくらいは、知っていて欲しいし、知っておいて損はない。

「懲戒規定」は6つある

次は、就業規則の中にある「懲戒規程」の例である。①〜⑥まで、順に罰則が重くなる。ちなみに、懲戒規程の項目は、企業によりいくらか違いはあるものの日本の企業の場合、大きな差はない。

①譴責《けんせき》……始末書を提出させ、書面において警告し、将来を戒める。
②減給……始末書を提出させ、減給する（総額は一賃金支払期の賃金総額の10％を超えない範囲）。

③出勤停止……始末書を提出させ、5日以内の出勤を停止。その期間の賃金は支払わない。

④役位処分または降格……役位の罷免《ひめん》・降職または停止。変更となった役位・職務または停止となった資格に基づく賃金とする（無役位者は降給とする）。

⑤諭旨解雇…懲戒解雇相当の事由がある場合で、本人に反省が認められるとき、情状酌量の余地があると認められる場合は、退職届を提出するように勧告（退職金の一部または全部を支払わない場合がある）。

⑥懲戒解雇……予告期間を設けることなく、即時解雇。この場合、労働基準監督署長の認定を受けたときは、解雇予告手当を支給しない。

これを読んで、あなたはどんな感想を抱いたのか。「初めて知った」「こんなに厳しいのか」など感じた人もいたことだろう。問題は部下が服務規程に抵触するような態度や行動を取った場合に、あなたは即座にそのことを指摘し、たしなめることができるのだろうか。「これくらいは目をつぶろう」「この程度なら」と見逃してはならない。本人が気づかないまま、服務規程に抵触するような行為を続けることは結果として、このような懲戒処分を受けることになる。部下にそんなつらい経験はさせてはならない。

あなたは自らの行動のみならず、部下の行動に対しても責任を持たなければならない。自分の部下が懲戒処分を受けるということは、あなた自身が適切な指導、日常のコミュニケーションができていなかったという証左である。部下のことを思うのであれば、愛情を持って毅然と指導しなくてはならない。

そのために気をつけることは、先ほど触れた部下一人ひとりを関心を持って見ること、つまり、リスクコミュニケーションである。リスクコミュニケーションの目的は、不安の解消と信頼感の醸成にあることを、正しく理解することからはじまる。留意しなければならないことは、次の点である。

・一方的な説明ではなく、双方向のコミュニケーションであること。
・何度も繰り返し行うこと。とりわけ重要な内容のものは、理解がいくまで反復して説明すること。
・結論よりプロセスに意味があり、話し合うという過程を大事にすること。
・リスクの所在、問題点を説明するだけでなく、その解消策を説明すること。

などである。

（「リスクの中に自由あり」上野治男著より）

これはお互いがよく話し合うこと、そして、この人の言うことなら問題ないという信頼感を平素から醸成しておくことが不可欠である。時間と場所さえ都合をつければ、いつでもどこでもできることである。

つまり、多くのリスクに囲まれているからこそ、小さなリスクであっても見過ごすことなく、一つずつリスクを取り除く努力は不可欠である。あなたが部下に愛情を注ぎ、かつ毅然と指導すれば、部下もきっとその期待に応えてくれる。そのためにも日常の観察とひと手間かけた対話は欠かせない。

ジョハリの窓で「対人関係のあり方」を整理せよ

あなたは「ジョハリの窓」というのをご存知であろうか。サンフランシスコ州立大学のジョセフ・ルフトとハリー・インガムという心理学者が提唱した概念で、2人の名前を取ってこの名称がつけられた。

ジョハリの窓は対人関係における自己のあり方を示しており、人の心には4つの窓があると想定されている。

・**開かれた窓**……自分も他者もよく知っている自分
・**気づかない窓**……自分では気づいていないが、他者は知っている自分
・**隠された窓**……自分だけが知っていて他者に隠している（知られていない）自分
・**閉ざされた窓**……他者も自分も知らない自分

つまり、自分の性格や才能を、自分自身でわかっている部分とわかっていない部分、他人がわかっている部分とわかっていない部分の組み合わせによって、人間の心には４つの窓があると考えた。図表5-5を参考に見て欲しい。

意外に大事な「自己開示」すること

コミュニケーションをよくする前提は、自分も相手もお互いがよく理解し合っているに越したことはない。左上の「開かれた窓」をさらに大きくすることが求められる。

そのためには、他者からの「指摘、助言、フィードバック」を受け入れることで自分の気づかなかったことに気づく。すなわち、「気づかない窓」が小さくなる。さらに、自分から他者へ「自己開示」することで自分のことを知ってもらう。すなわち、「隠された窓」

図表5-5　ジョハリの窓

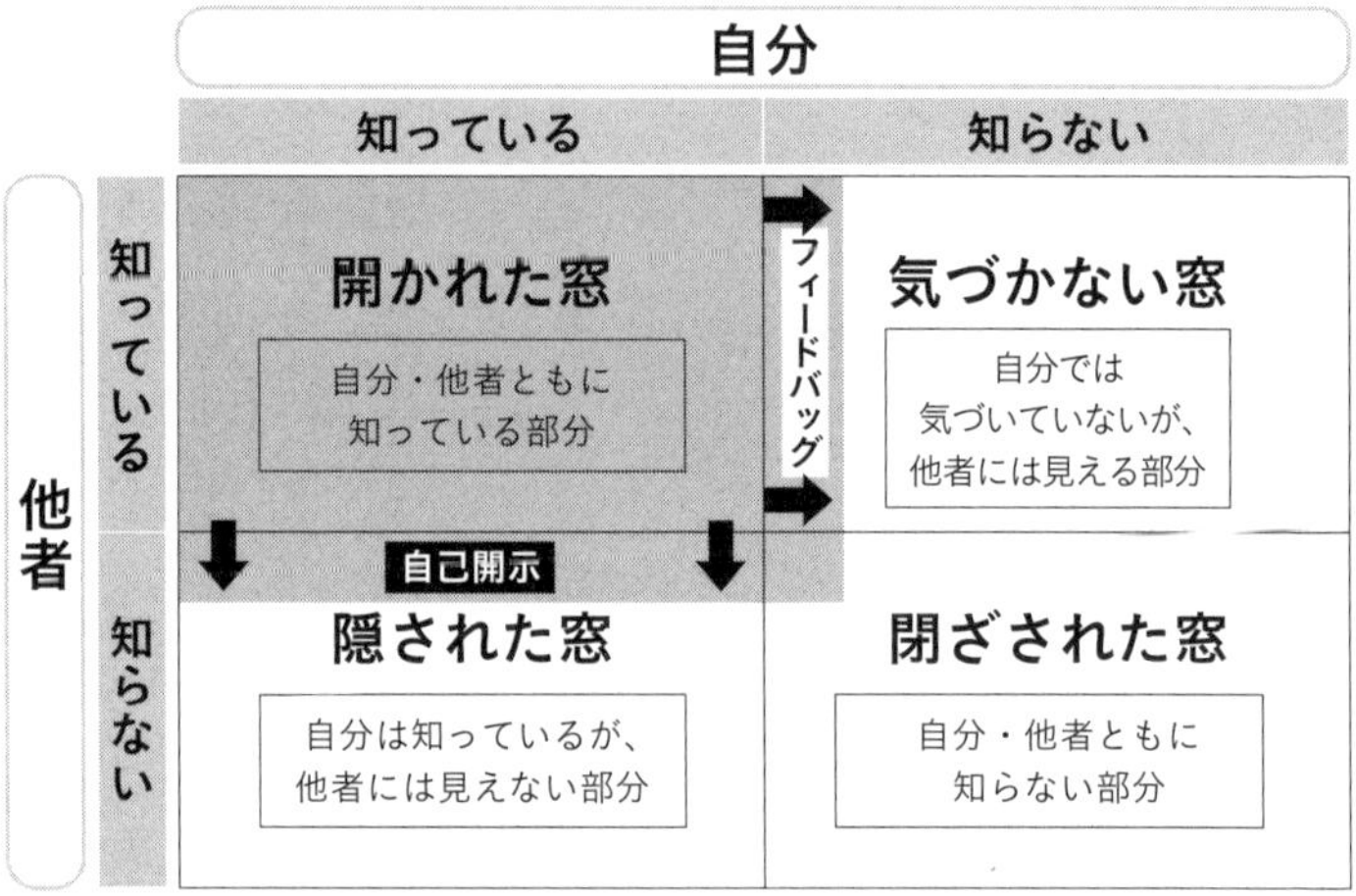

「ジョハリの窓」理論をベースに著者作成

が小さくなる。

それは、「開かれた窓」の領域がどんどん大きくなり、コミュニケーションが取りやすくなり、良好な人間関係が築かれる状態になったことを意味している。

具体的には部下や同僚からのフィードバックは否定するのではなく受容し、コミュニケーションの領域を広げる。そして、自らの情報を提供し、共有することで部下や同僚に自分を知ってもらう。それにより互いの理解を深めていくことができるようになる。

明日から部下から指摘されたことは受け容れ、雑談会などで自分の趣味や嗜好など自然体の自分をさらけ出すことにチャレンジしてみてはどうだろうか。

妥協しないで話し合ってみないか

私が個人的に尊敬する加藤裕治氏（トヨタ弁護士）の書籍「トヨタの話し合い」の中で、興味をそそられる文章がたくさんあった。

「ご存知のとおり、トヨタには『カイゼン』の哲学がある。カイゼンは適当なところで妥協することを嫌い、違う考え、違う価値観を社員同士で遠慮なくぶつけあい、徹して徹底議論するという『右へ倣《なら》え』の発想はなく自分の意見にこだわるのがトヨタ社員……」

とある。まさに、アサーティブな対応ができる社員像が目に浮かぶ。

トヨタの場合、「カイゼン」とは「悪さ、問題点の洗い出し、視える化」が第一歩で、悪さを隠す人間をゼロにすれば、不祥事を根っこで防げるという。トヨタと言えども、過去にいくつか不祥事を起こした後の対応の速さと緻密さはすばらしい。

改めて徹底して考えることと徹底して話し合うことの重要性を痛感させられた。自分で限界を改めてない強さもトヨタにはある。コミュニケーションの大切さを強調した私には勇気がわいてくる。示唆が多くあった。

人生は選択と決断の連続だと考えよう

職場で何でも言い合える関係性を構築できれば、これほど不祥事対策に有効なことはないと、私は信じている。

「問題が起きた→その場で誰かが指摘をする→みんなで議論をする→何が問題かを共有し、問題を抽出する→対策を考え実行する→類似の問題はないかを確認する」

という流れができる。

一方で、ＩＴ化が進み、ＡＩが導入され、省人化が進み、個人情報の取り扱いがますます厳しくなる中で、こうした職場の実現が困難になっている。だからといって諦めたくはないが、こうした職場事情を考えると、最後は自分次第ということになってしまう。まさにキャリアの自律が重要になってくる。しかし、世の中は強い人ばかりではない。みんながみんなキャリアの自律ができている人ばかりではない。

人は弱く、安きに流れる。しかし、人は他者から指摘され、指導されて初めて気づくことがたくさんある。

ジョハリの窓で紹介した「開かれた窓」が大きくなるプロセスだ。目の前にいる人を正しく導くためには、指導する側の確固たる信念と愛情が不可欠である。そのことを教えてくれたのが、裁判の傍聴だった。

私は仕事柄ふらっと東京地裁に裁判を傍聴しに出向くことがある。きっかけは、私自身が企業や大学院で「コンプライアンス教育」に携わることになったことで、15年くらい続いている。最近では、出張先でも時間が合えば地裁で傍聴することがある。映画を観るよりは、コストも時間もかからないうえ、ドラマ性、密度の濃さは勝るとも劣らない。

当初は、コンプライアンス研修などをするうえで人の心理を学ぶのに役立つのではないかと思っていたが、いまは目的がまったく違う。経営者として、教育者として、ひとりの人間として自分自身への戒めのために通っていると言った方がしっくりくる。

特に、刑事裁判をよく傍聴するが、冒頭の人定質問（被告人が起訴された人物か否かを確認）に続き、検察官による「起訴状の朗読」がある。検察官が、起訴状に記された被告人の罪となる行為について日時、場所、内容などの具体的事実や事件を起こすに至った原因や背景、当てはまる罪名を読み上げる。

このときに正直、何度もドキッとすることがあった。

それは、検察官によって若干の違いはあるものの、事件を起こした際の被告の心理や動機を読み上げる際、私に当てはまることが次々と出てくる。こんなことで罪を犯すんだ、と思うことがたくさんある。下手すると自分があの被告席に座っていたかもしれない、と思うと身震いすることもあった。

人生は選択と決断の連続だが、岐路で選択を誤った人は取り返しのつかないことになることを痛感させられる場面だ。

たまたま私の場合、自分をコントロールできる力があったこと。まわりにたしなめてくれる家族や友人がいてくれたおかげで、歩む道の選択を間違わなかったというだけだ。傍聴はいつも自分を見つめ直し、覚醒させてくれる神聖な場となっている。

自分にも他者にも厳しく律することの重要さを改めて確認できる。傍聴をキャリアの自律がいかに大切かのヒントが得られるのではないか。あなたも、ぜひ、一度は体験されることをオススメしたい。必ず気づきがあると確信する。

かつて傍聴した裁判でいくつも印象深いシーンがあったが、紹介すればキリがないので割愛するが、いつも感じるのは被告が被告になる前に、「なぜもっと早く気づかなかったのか」「なぜ冷静になれなかったのか」「なぜ、ノーと言えなかったのか」である。これは、第1章でも触れたが、最後に責任を負うのは自分で、最後に泣くのは家族であることを決して忘れてはならないということを改めて確認することができた。

「ジャスティスよりフェアネス」

貧乏でつらくても、人様のものに手を出すことはいつの時代でも許されないことである。人を騙す行為は、人に嘘をつくことからはじまっている。人を傷つけるなんて、もってのほかだ。

上司の指示だ、強要されたとわめいても、すでに遅い。自分だけ逃げ切れるなんて勘違いしてはいけない。

「お天道様は見ている」……あなたは何をもって自分に「警鐘を鳴らす」ことができるのだろう。自分の心をコントロールすることができるのだろうか。

白黒を決める前に「チョット待った」で自問自答する

私の場合は、明確だ。裁判を傍聴したことで影響を受け学んだことでもあった。それは、自身の行動で白か黒か、善か悪かと何か迷うことがあった場合、必ず冷静になって自問自答をするよう心がけている。

これは、「ハイヤーセルフ」を取り入れているのだが、高い次元の自分（自分を俯瞰できる自分）に対し、自問自答するのだ。要は、「チョット待った！」と同じことである。

その際、自分にとって世界で一番大切な人を思い浮かべることだ。私の場合は、家族だ。とりわけ3人の孫たちだ。孫たちの顔を思い出し、彼らに恥ずかしいと思われる行為、言い訳のできない行為は絶対にしないと決めている。具体的には、

「チョット待った。その言動は、間違いないか？　大丈夫か」
「チョット待った。その言動は、社会に通用するか？　受け容れられるか」
「チョット待った。その言動は、法律や倫理規定、社内ルールに違反していないか」

自分の言動を第三者から説明を求められ堂々と答えられるのか？　自分にとって世界で一番大切な人が「その言動」を見て知ったときのことを想像し、それに耐えられるかを考える。すると不思議と冷静さを取り戻すことができる。そして、これらに「イエス」と答えられず自信がないときは、その行動を即刻やめることだ。

あなたにも世界でかけがえのない大事な人がいるだろう。裁判の傍聴で何度も見た被告人の家族への「ゴメン」「申し訳ない」は、どんなに心を込めた言葉であっても「覆水盆に返らず」でむなしいだけだ。「後の祭り」と後悔して欲しくない。

人生一度きりだ。自分の人生を自分らしく、誇りをもって働きたい。生きたい。他人から後ろ指をさされるようなことはしたくない。

世界で一番大事な人の前で恥をかくくらいなら、目の前で起きているおかしいことにおかしい、と勇気を持って言うことくらいは誰でもできるはず。

お天道様は見ているよ。

おわりに

「透明性のある環境」をつくってみないか

この本がどこまで読者のみなさんのお役に立てたのか、はなはだ不安である。切り口は、企業不祥事であるが、中身はコンプライアンスやリスクマネジメント、コミュニケーションの重要性や個人のキャリアの自律まで話が発展したからである。いったい何を伝えたいのかわからない、という声も聞こえてきそうで不安がふくらむ。

しかし、弱音を吐く一方で、心のどこかで企業不祥事を語るならトータル的に語っておかなければ、不祥事を未然に防ぐための糸口はみつからない！　そんな確信もあって、覚悟を決めて、それぞれのテーマを関連づけて私なりにまとめてみることにした。

私が、企業不祥事やコンプライアンスに関わりはじめたのは、2003年ごろだ。同じ時期にキャリアコンサルタントの勉強をして資格を得たが、当時は「企業の不祥事」「個人のキャリア」は、まったく別物で別人格だと思っていた。

ところが、いずれのテーマも掘り下げれば下げるほど、同じマグマに突き当たるのだ。マグマ溜まりには、まったく同じ「要因」が存在していることに気づいたのである。

企業不祥事というが、所詮は人が犯した事件である。組織犯罪も同じことで指示した側と指示され実行した側は、いずれも人である。となると、やはり人に絞って不祥事を考えなくてはならない。

たとえば、会社で仕事はつらいが、将来の夢や目標が明確で、それに向けて頑張っている。その点では、キャリアプランを持ってイキイキと働いている。不便なこと、困ったことがあれば人に依頼する前に、自分で取り敢えず動く。大好きな会社で、大好きな後輩・同僚たちとコミュニケーションを欠かさない。こんな主体性を持ち、キャリアの自律ができている人のまわりには、自然と仲間が集まり増える（現実は、こんな人が少なくなった）。

当然、こうした人や集団には、「当事者意識」が根づく。目の前で起きている課題を見て見ぬふりをしない（できない）。フロアにゴミが落ちていたら拾うだろう。元気のない友人を見たら「大丈夫か」と声をかけるだろう。こうした職場で、おおよそ不祥事が発生するとは考えられない。

半面、なにごとにも斜に構え、ネガティブにとらえ、愚痴ばかり言って、仕事のミスやトラブルも人のせいにするような人は、仕事はきついと愚痴り、職場も楽しくない、人間関係もうまくいかないのは他者のせいだと言うだろう。チャンスがあれば転職しようと機を狙っている。

当然、目の前にゴミが落ちていようが、困った社員がいようが自分には関係ないと無視をする。ここに「不正のトライアングル」が巣くってくる。当事者意識の低い人がいれば、組織はいずれ不正や不祥事を起こすか巻き込まれることになりかねない。

つまり、組織・職場をよくするも悪くするも、そこにいる人、あなた次第だということだ。誰かがやってくれると思っているうちは何も誰もやってくれないものと自覚すべきなのだ。人の行動をうながしたいなら、自ら行動すればいい。自ら語りかけることだ。自分自身は変えられても、過去と他人は変えられない。自ら動くあなたの姿を見て、きっと影響を受ける部下や同僚がいるはずである。

それにしても、企業経営者のみならず政治家までが謝罪会見をすることが増え、苦しい言い訳に終始し汗をかく姿が痛々しい。国民として恥ずかしい。

なぜ、謝罪会見が繰り返されるのか

他社の謝罪会見は、どの企業でも関心を持って見ているはずなのに、同じような失敗を繰りかえしている。まったく「対岸の火事」で当事者意識に欠けている。そう言えば、「わ

が意を射たり」の本のくだりを見つけた。（『企業倫理入門』出見世信之著／同文館出版刊）

「『企業不祥事』などといっているから、同じようなことを繰り返す面があります。『不詳』という語は、『めでたくないこと』『運の悪いこと』を意味し、『不祥事』で『好ましくない』程度の意味しかないからです。……それゆえ『企業不祥事』が発覚すると、当事者であるはずの経営者は、……『悪いことをした』から謝罪するのではなく、『世間をお騒がせした』から謝罪をするのです」

これはすでに本文でも触れている。確かに、おかしい。そもそも社会であってはならないこと、罪を犯したにも関わらず、そこの謝罪はまったくない。だから、対策も原状復帰も中途半端になり、同じ過ちを繰り返すことになる。

さらに、日本人独特の文化が邪魔をしている。米国では不祥事を防ぐために法で縛るが、日本は個人の道徳観や倫理観に頼ってきた。日本人の心の中には、法令違反を犯して法で罰せられるより、下手に正義感を出して職場で村八分にあうことのほうが怖いという意識がいまだにあるように思う。

あるとき、知り合いの弁護士と話をしていて、やはり最後は「おかしいことがおかしいと言える勇気が自分を守り、組織を守り、家族を守ることにつながること」が大事だと気づかされたことがあった。

その際、弁護士と私が交わした会話内容を紹介しよう。「なぜ、おかしいことをおかしいと言わない」と、いけないのかが理解できるはずだ。

私　「業務上、上司の命令に忠実に行った結果の行為なのに、それがコンプライアンス違反だった場合、なぜ役員や当事者の社員が『個人責任』を負わなければならないのですか？　会社の責任では？」

弁護士「日本の場合、犯罪や刑罰に関する法律は、あくまで『個人責任』の追及を前提につくられているんですよ」

私　「とは言え、上司の命令は当然、組織の慣例や踏襲を否定することはむずかしいですよ。それに、そもそも法律家でも専門家でもないですし、『自分はルールや法令を知らなかった』と言い訳しますよね」

弁護士「確かにそうなんですが、法律は、法を知らないという『法の不知』を許してくれないんです。むしろ『法の不知』が、罪であるとさえ言われています。善悪を判断できる大人であれば、業務命令であっても、それが理不尽な指示や命令だと思えば断ることができますよね。明確に拒否しない以上、『個人責任』の追及は免れないのです」

「みんなで話し合おうよ」と言えるリーダーであれ

なるほど。しかし、果たして上司に、目の前で、

「それは、コンプライアンス違反ですからやりません」

と、断わることができるだろうか。現実的ではない。そんな部下がどれだけいるだろう。

だからこそ、日常なんでも言い合えるトヨタのような職場風土、風通しの良い職場づくりが必要になる。何でも言い合える職場であれば、上司の指示・命令を聞いていたまわりの他の部下が、

「それは危ないですよ」

と、指摘できる。

「なぜ?」

だと上司が聞くと、

「先日のコンプライアンス研修で学びましたよ」

とその部下。

「じゃあ、どうすれば問題が解決するのかみんなで話し合おう」

と、上司が行動を起こす可能性だってある。つまり、その場でみんなが「おかしいこと」を認知し、なぜ、おかしいと思うのか、どう解決すればいいのか議論することができる。

それは、私が理想とする職場であるが、あなたはあなたの職場をどう評価しているのだろうか。

あなたがこんな職場にしたい！という思いがあるならそれを目指し、その思いを愚直に実行して欲しい。そのためにはあえて職場のミーティングなどを活用して、

「私は○○○○を明日からやります」

と、コミットするのもいいかもしれない。そして、あなたにはコミットしたことを「有言実行」し、「言行一致」と周囲から認めてもらえるリーダーになって欲しい。

諦めることで解決することは、何もない。周囲を巻き込み、透明性の高い職場づくりをすることをみんなで議論していただきたい。

いまの世の中、変化が激しく速い。ただ立ち止まっているだけでは時代に取り残されていくことになる。「おかしいことをおかしい」と言い合える職場づくりの担い手になってもらいたい。傍聴者となるな。当事者として行動しよう。これが切なる私の願いである。

日本には先達が残した「職業倫理」の基本がある。近江商人の「三方よし」はあまりに

有名だが、商人道の本質を示すものである。実は、近江商人よりも前に、享保時代に活躍した思想家の梅田梅岩が「心学」という庶民道徳を説いている。それは正直・倹約・勤勉の「三徳の実践」である。石田梅岩こそが、「企業にとっての倫理とは何か？」の原点を説いた人と言っていい。

現代の経営では、資本主義の父と言われる渋沢栄一が「論語と算盤」を掲げ、「不誠実に振る舞うな」「自己利益を第一に図るな」と説いている。松下幸之助は「利益は企業が世の中に貢献した結果の報酬である」と述べている。そしてピーター・ドラッカーは、著書「現代の経営」の中で、真に経営に必要なことは「真摯さ（integrity）である」と力説している。私たちも先達の思いを汲み、「原点」を見失わない働き方を考えていきたい。

末筆ながら、本書を執筆するためのきっかけをつくっていただいたのは、公益財団法人日本生産性本部の西山典仁課長である。おかげでこれまでの社会人生活を根本から振り返り、キャリアの棚卸しをすることができた。多くの気づきや発見もあった。そして、「人生100年時代」を真剣に考えるチャンスを得た。感謝してもしきれない。

また、一から十まで全体の構成のご指導をいただいた生産性出版の村上直子さんには、ご心配もご迷惑もかけっぱなしだった。何度か心が折れそうになったこともあったが、その都度、壊れそうな心に寄り添っていただいた。また弱気になり迷った私に飴とムチで叱咤激励していただき、なんとかここまでたどり着くことができた。本当に感謝多謝のひと言に尽きる。

さらに、おふたりはもとより拙文に見事に息吹を吹き込み、生き返らせていただいた生産性出版の関係者のみなさまにも、心から御礼を申し上げ筆を止めることとしたい。

著者

著者プロフィール

徳山　誠（とくやま まこと）

1955年、広島県生まれ。早稲田大学教育学部卒、学生時代はラグビー蹴球部所属。メーカー勤務を経て、2001年、株式会社プレビスを創設し、代表取締役に就任、現在に至る。国家資格キャリアコンサルタント（2級キャリアコンサルティング技能士）。兼職：法政大学経営大学院兼任講師兼キャリアアドバイザー、法政大学大学院職業能力開発研究所特任研究員、立正大学非常勤講師、公益財団法人日本生産性本部講師。専門は、企業倫理、キャリア開発。

もう不祥事は許さない

自分の会社は自分で守れ

2020年2月16日　初版第1刷発行 ©

著　者　徳山　誠

発行者　髙松克弘

発行所　生産性出版

〒102-8643　東京都千代田区平河町2-13-12

日本生産性本部

電話03(3511)4034

https//www.jpc-net.jp

印刷・製本　シナノパブリッシングプレス

装丁・本文デザイン　茂呂田剛（有限会社エムアンドケイ）

編集担当　村上直子

乱丁・落丁は生産性出版までお送りください。お取り替えいたします。

ISBN 978-4-8201-2100-8　C2034

Printed in Japan